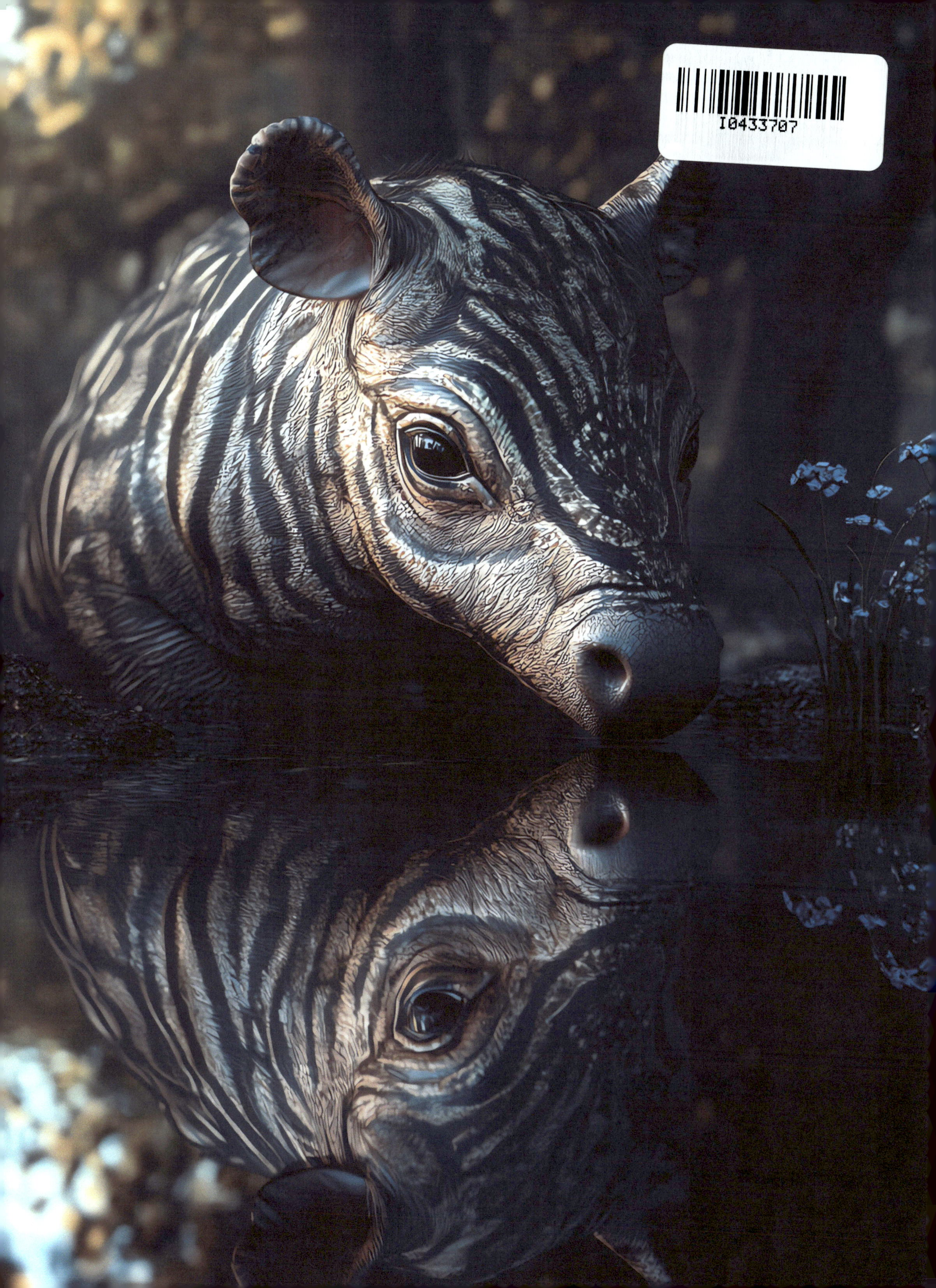

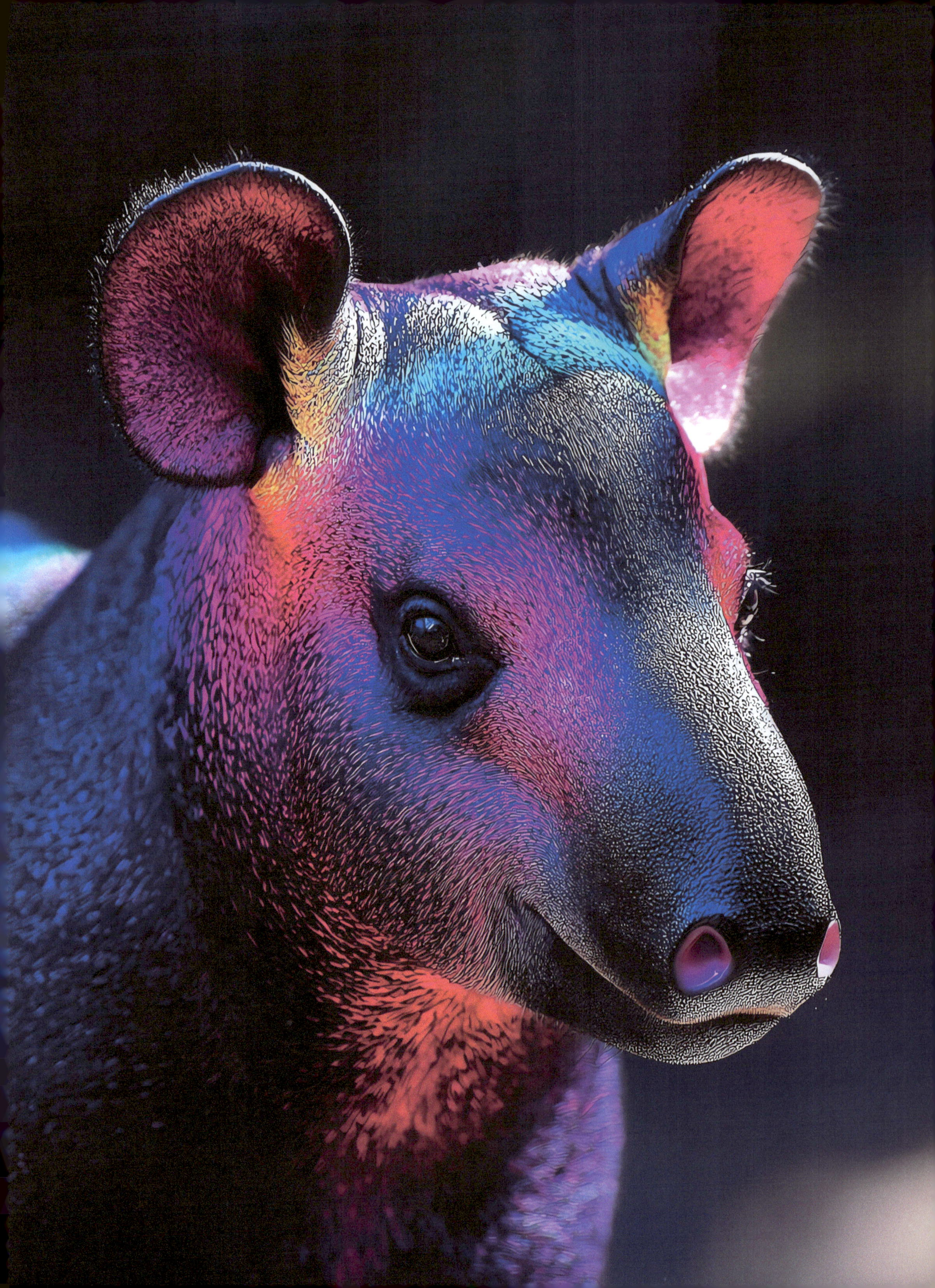

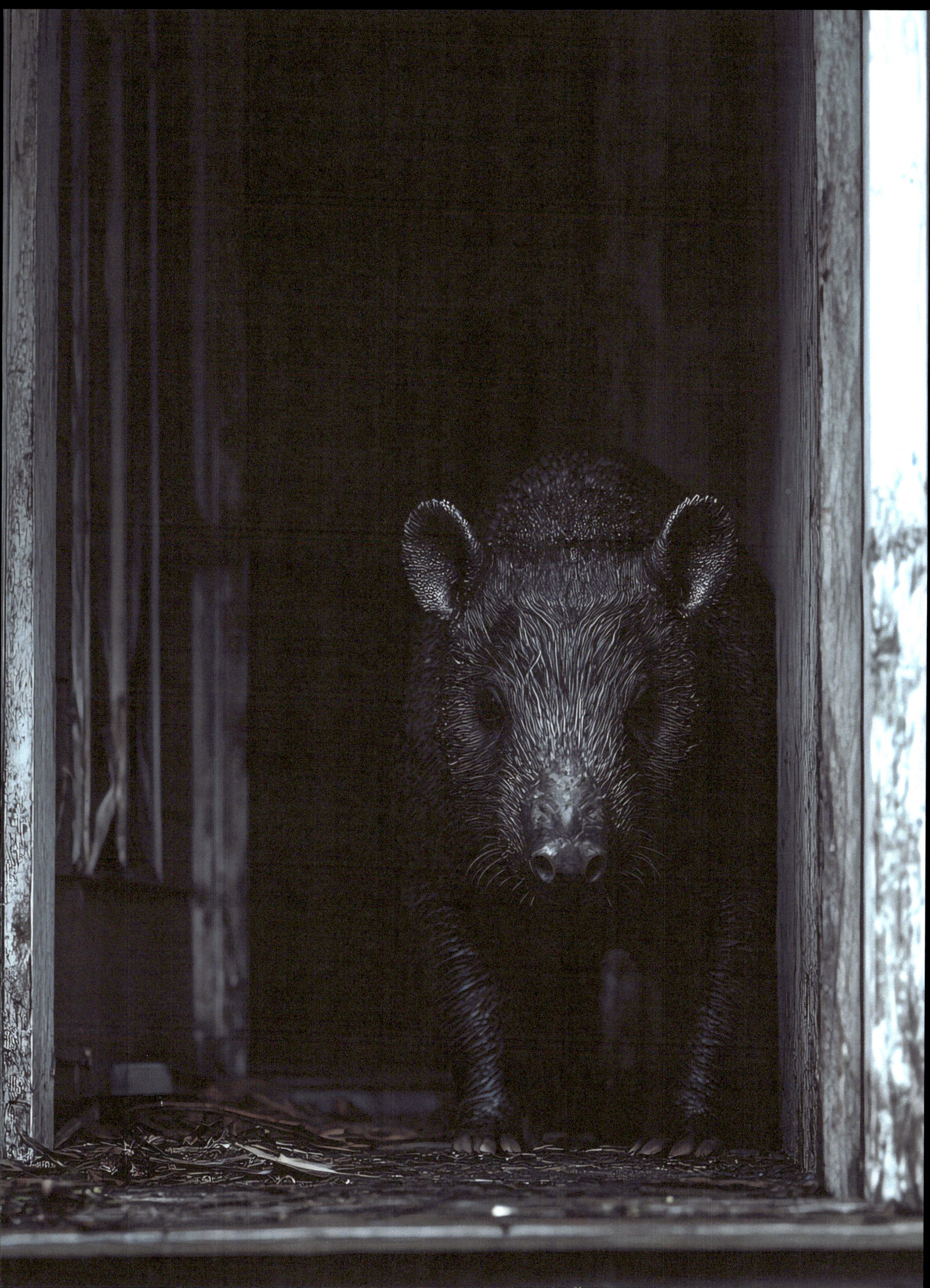

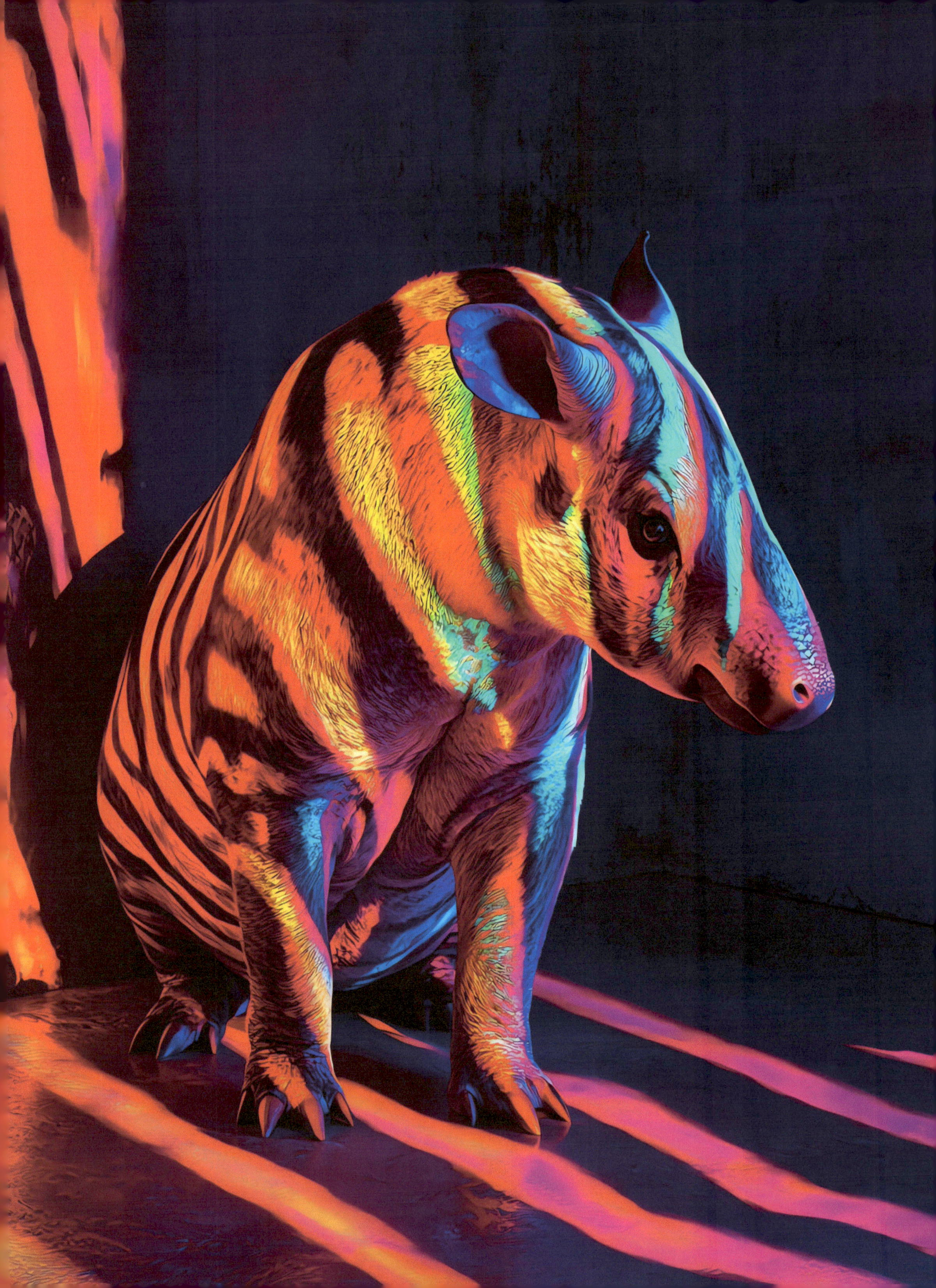

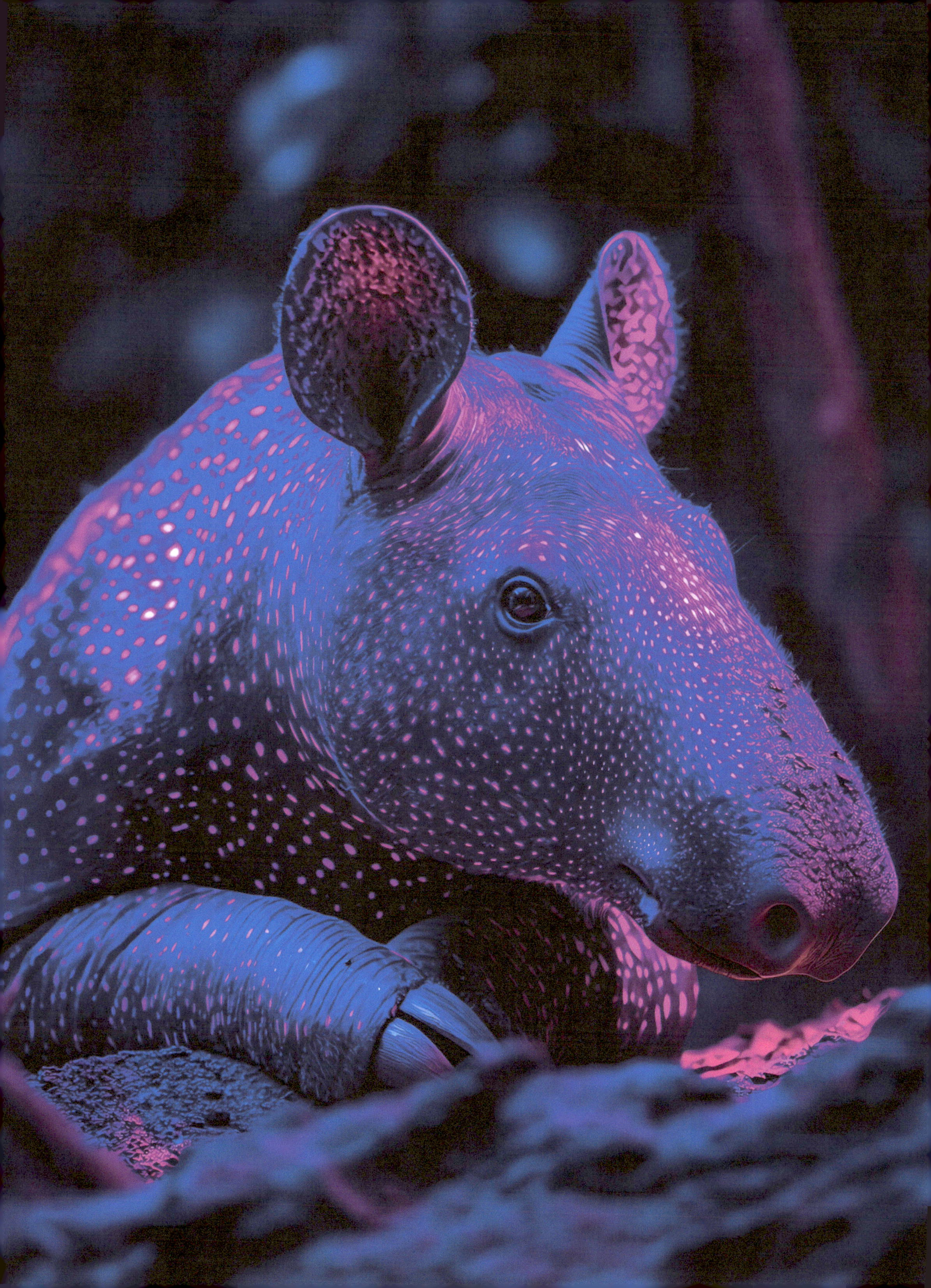

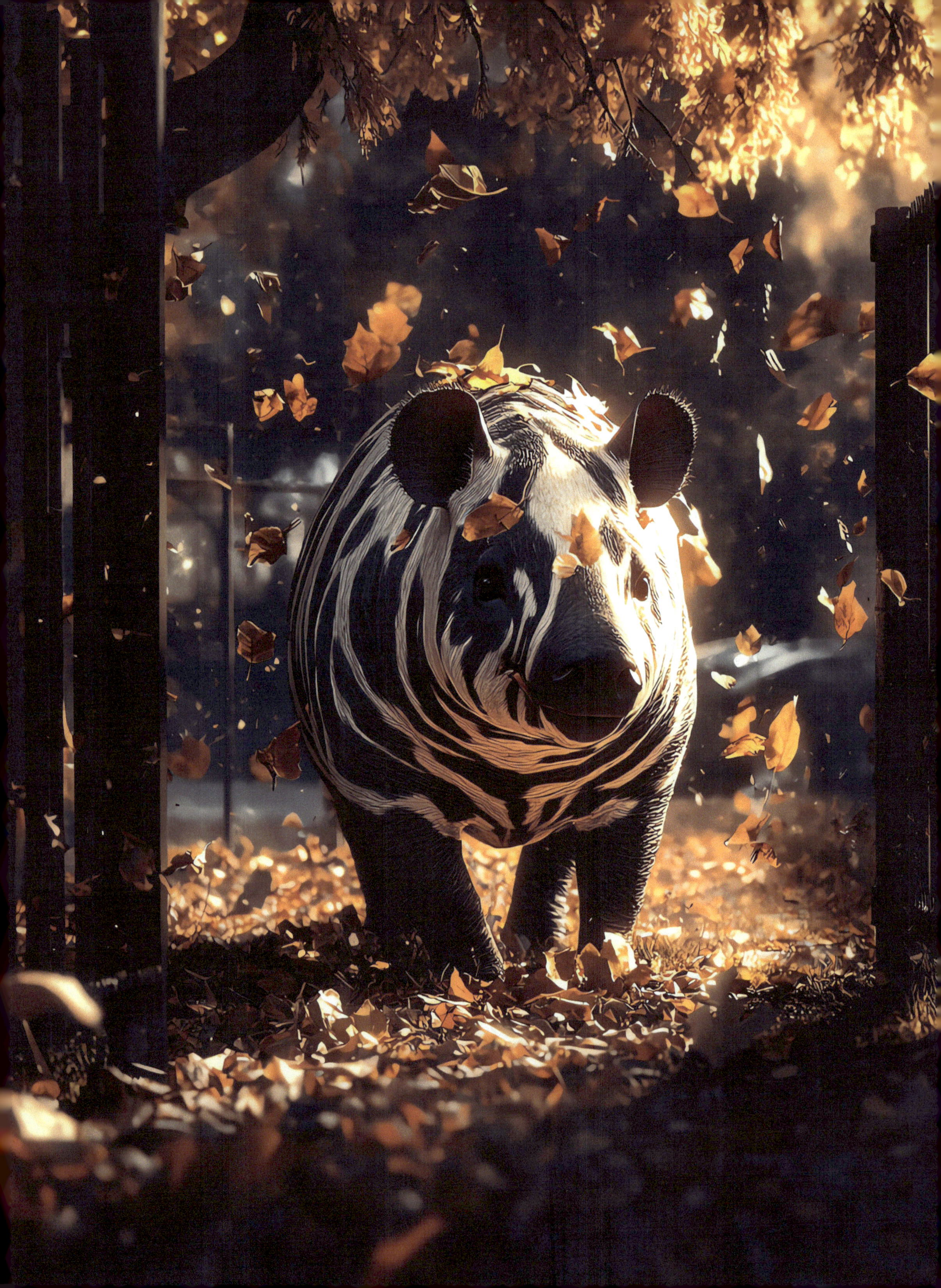

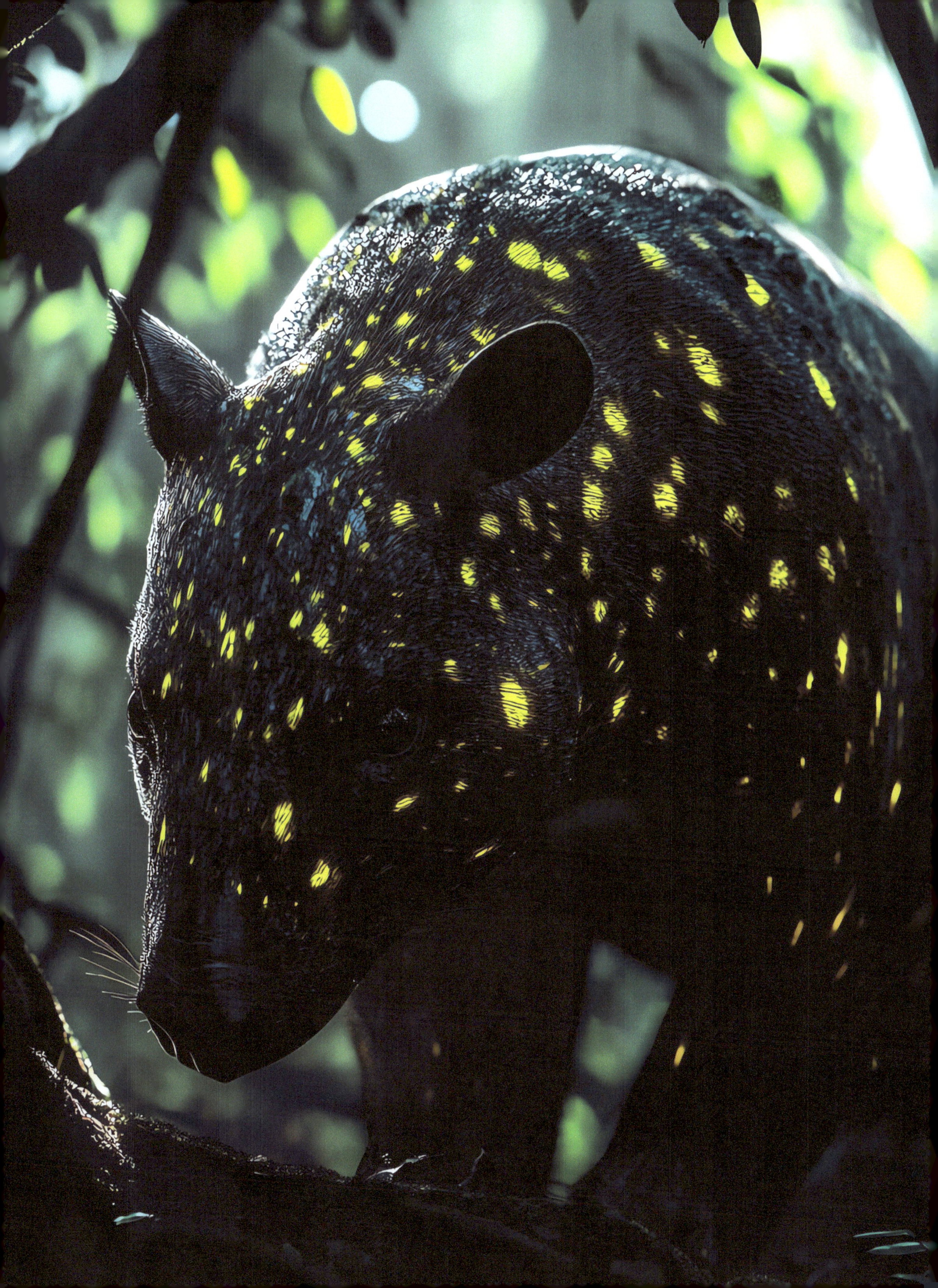

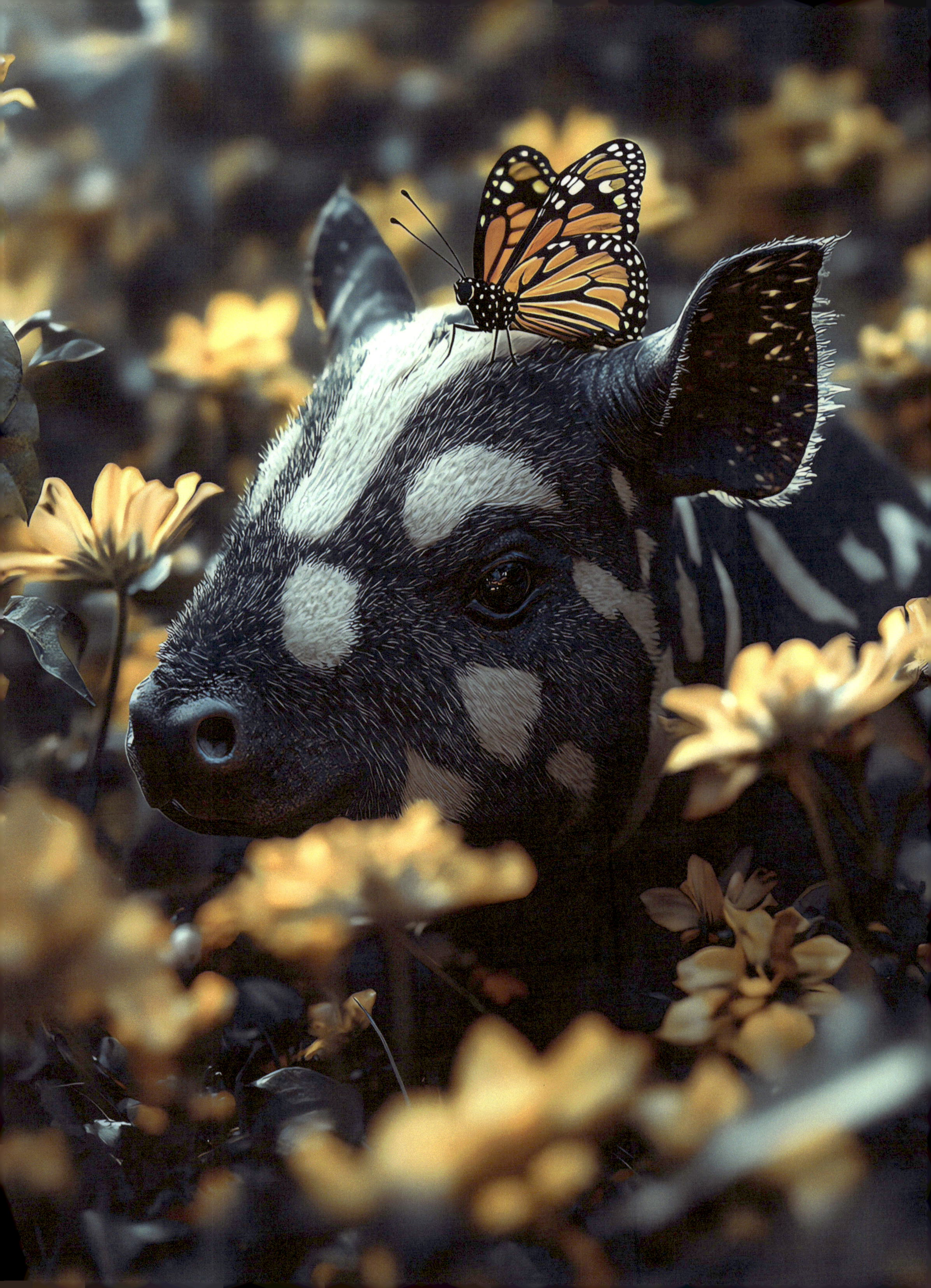

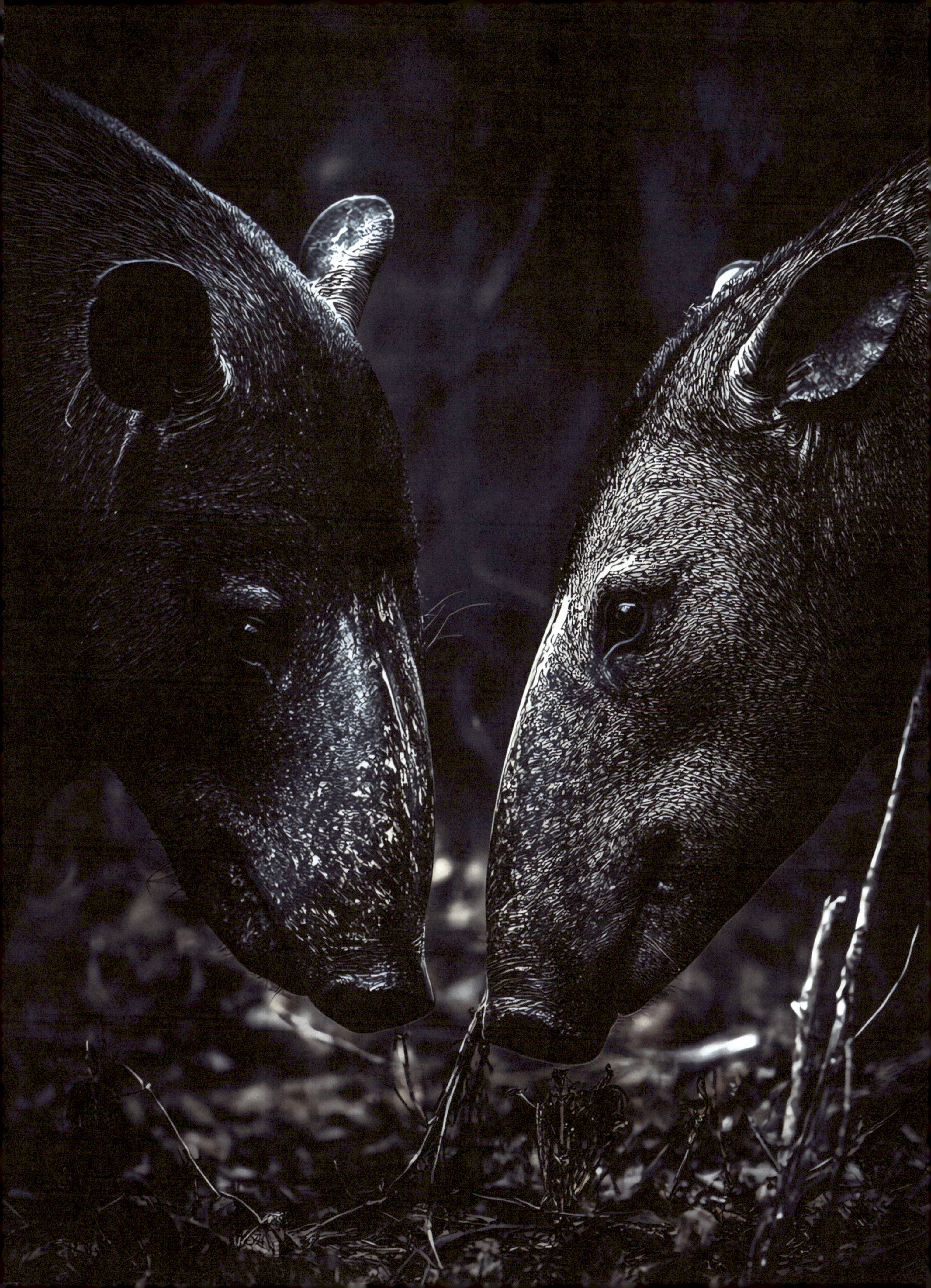

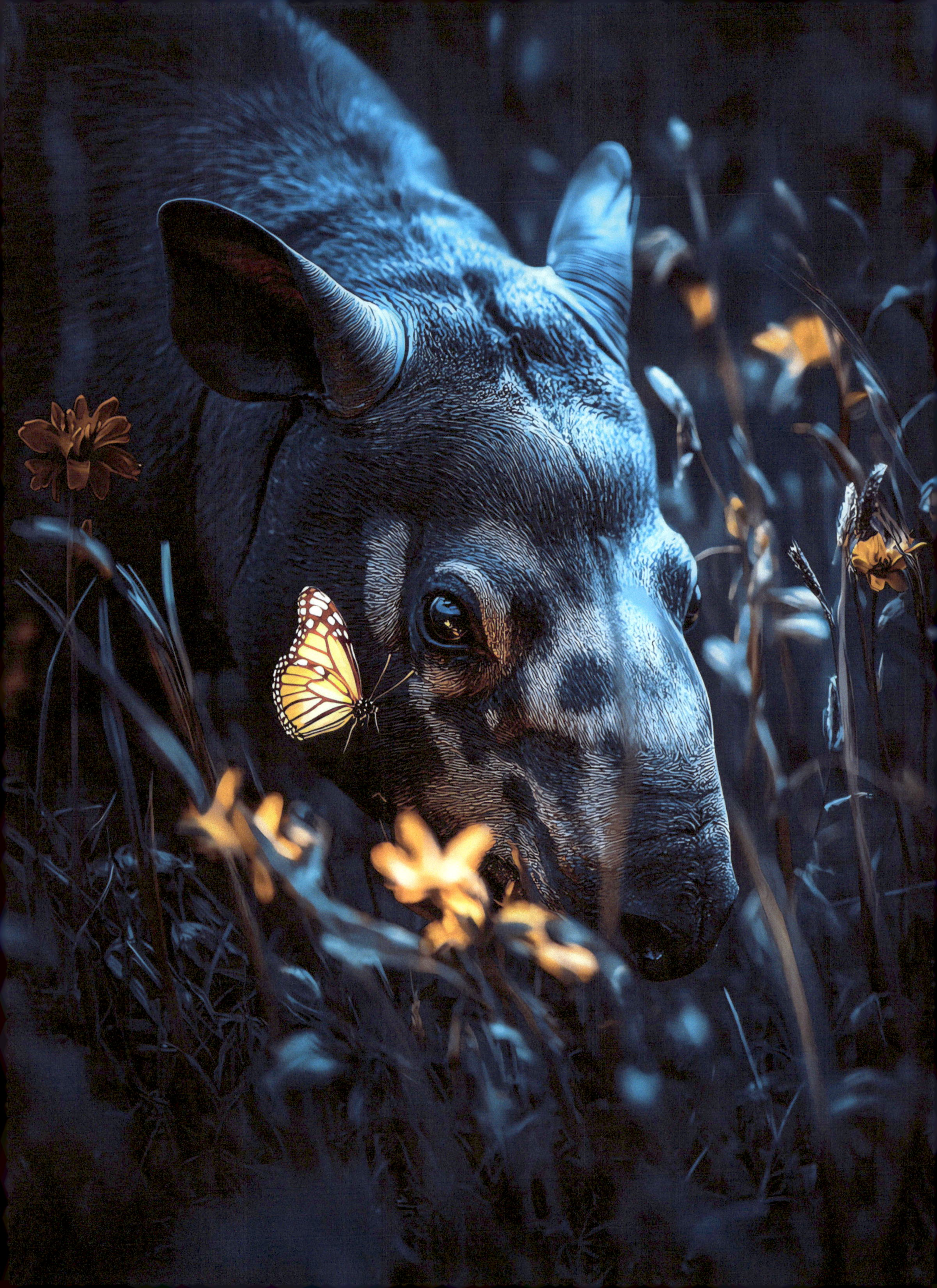

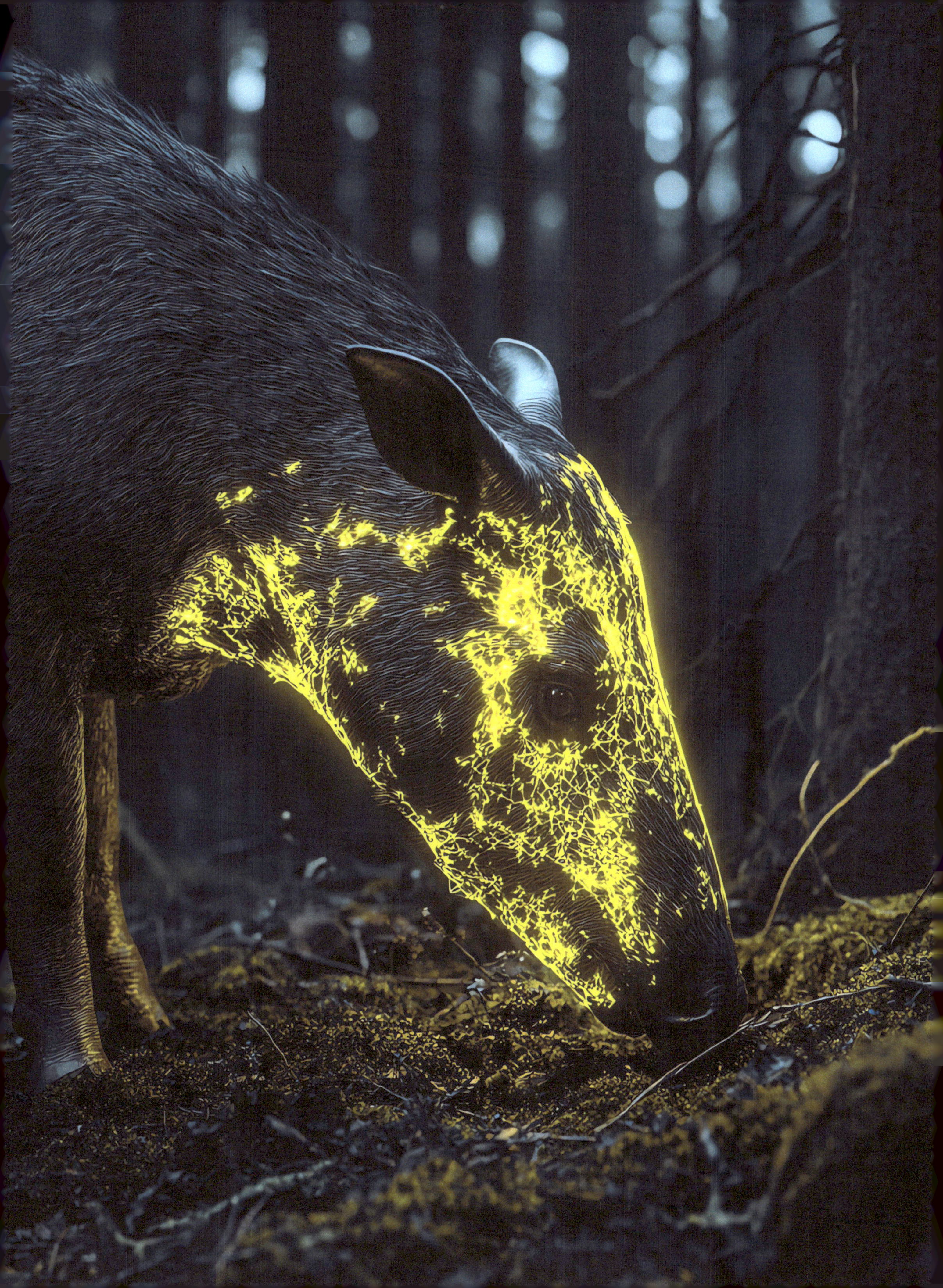

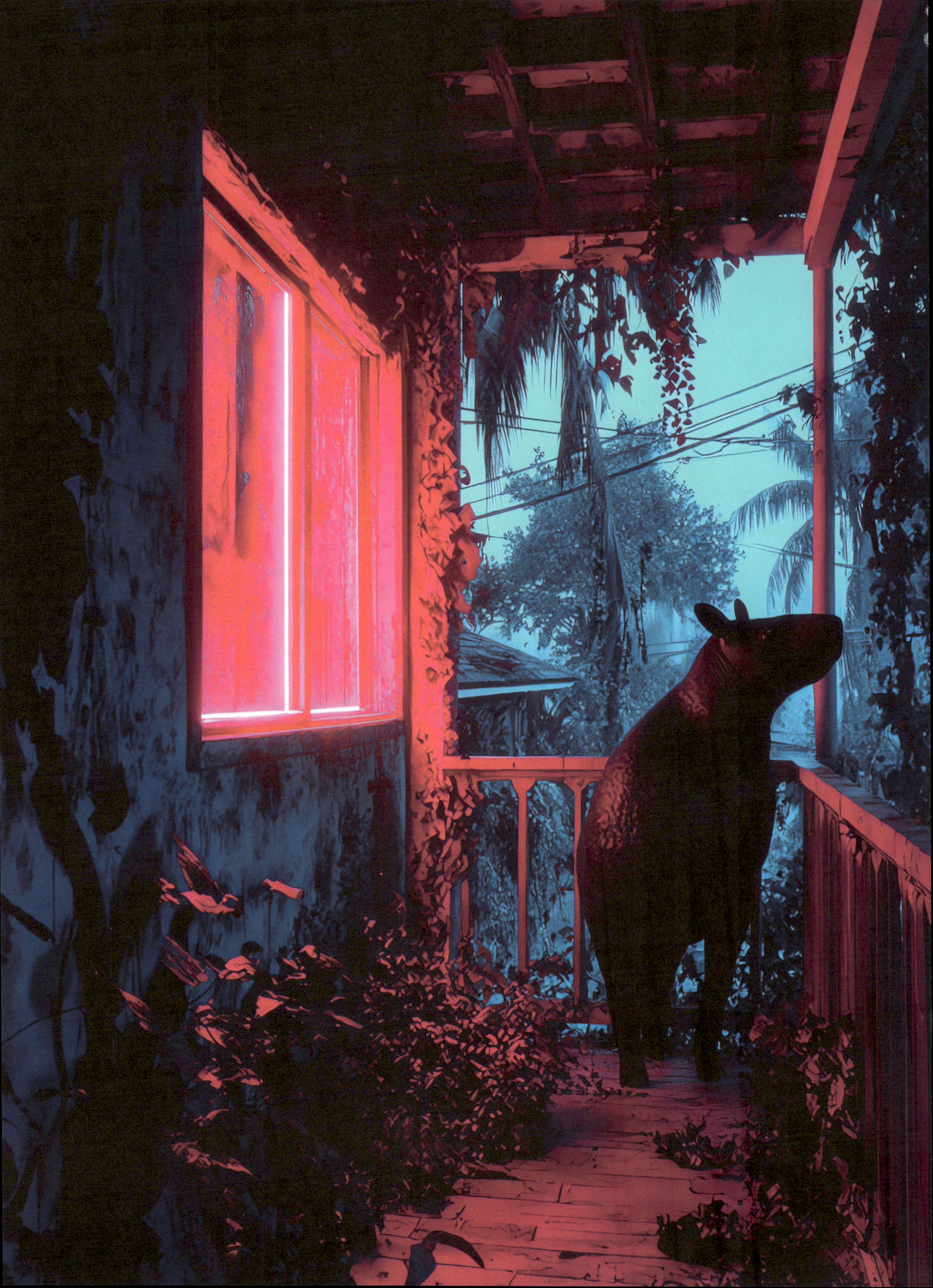

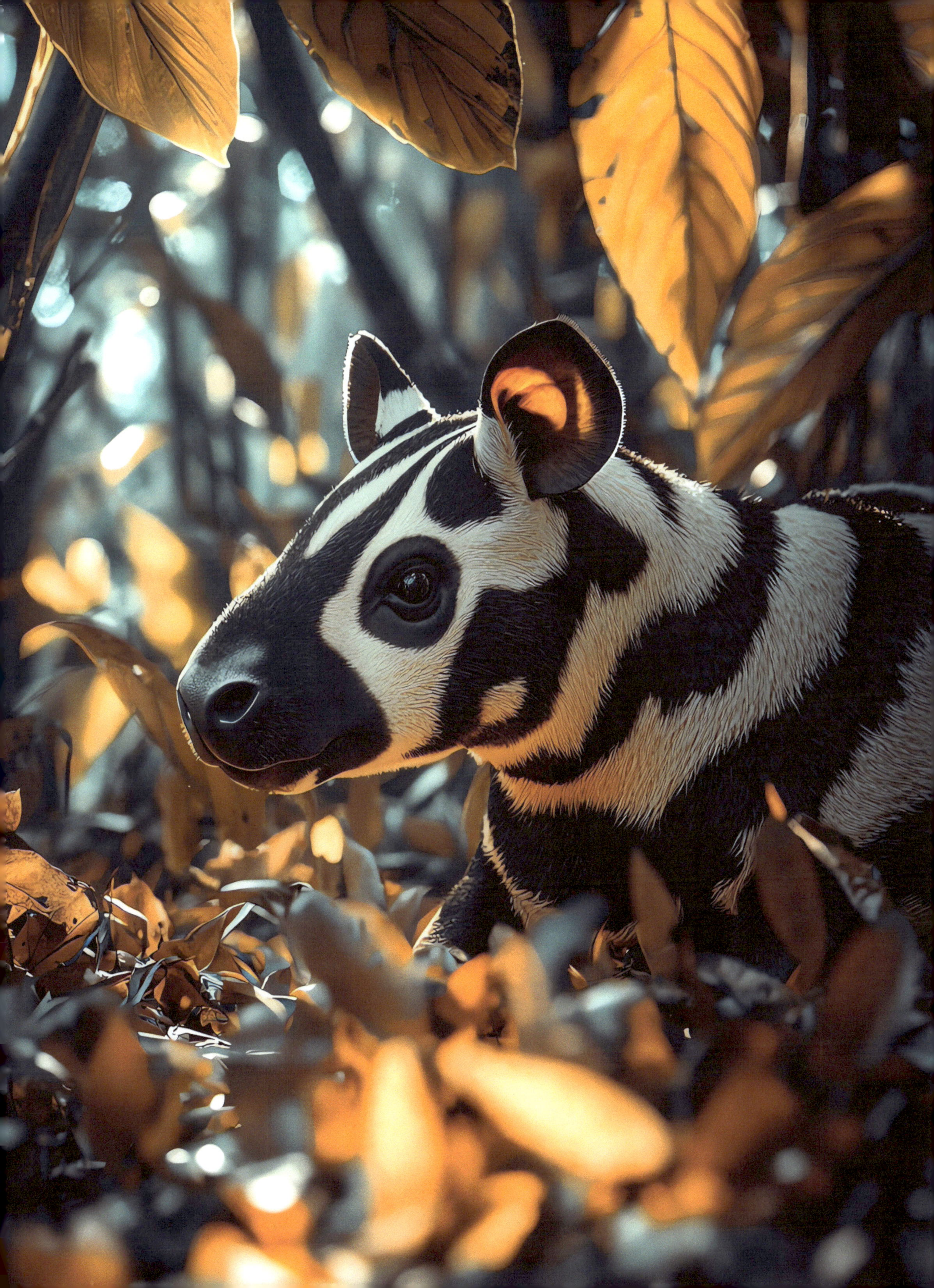

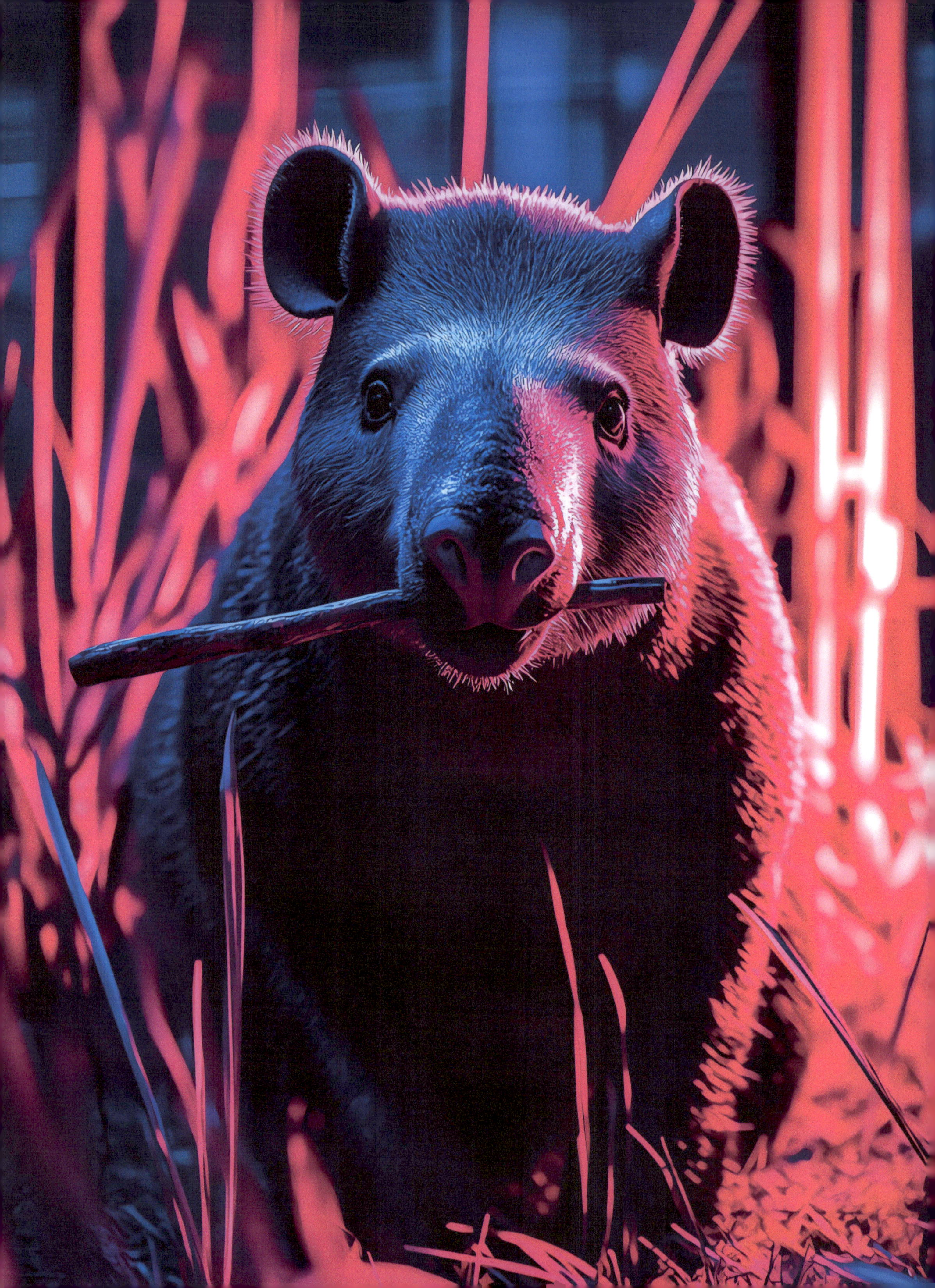

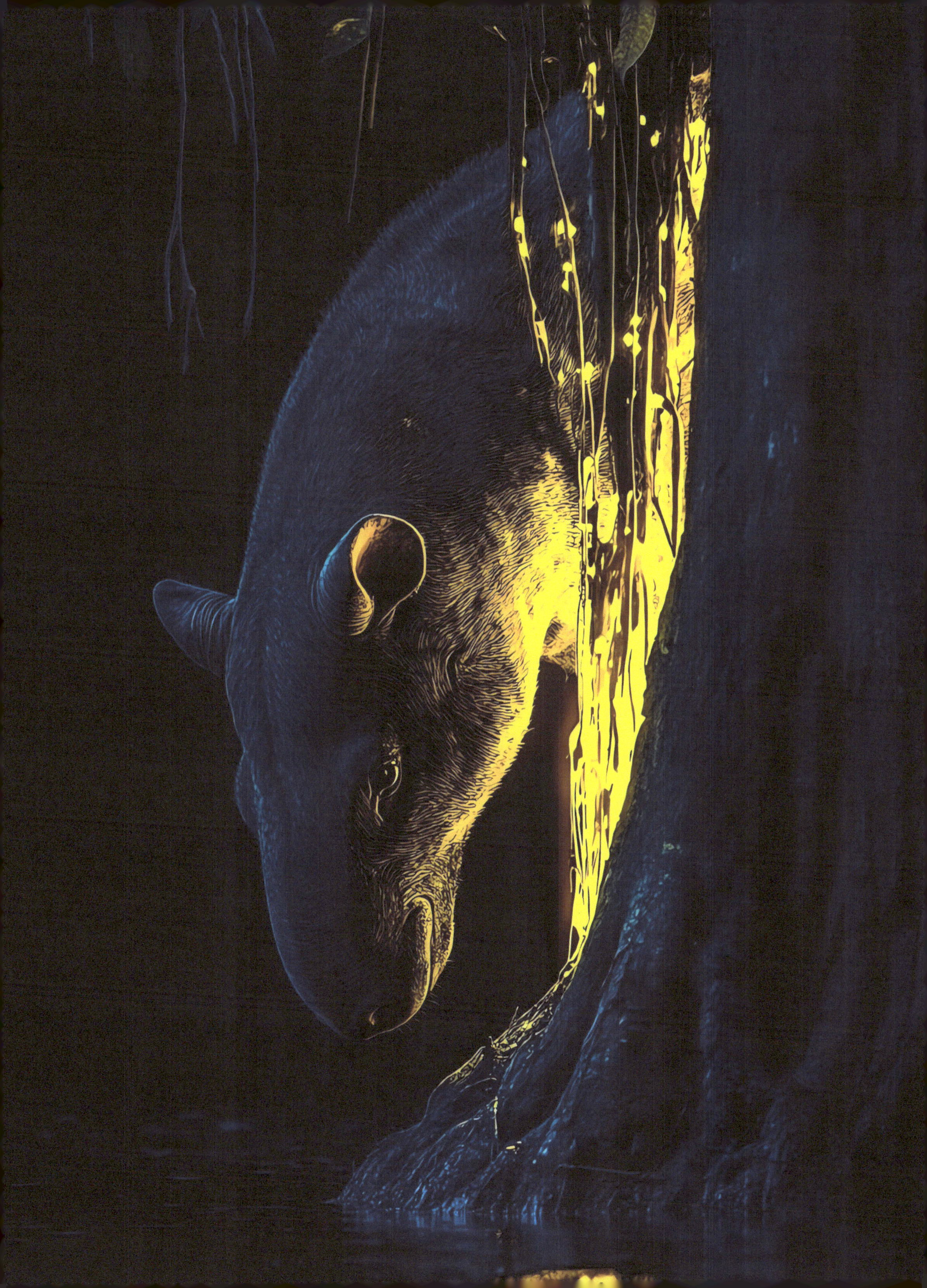

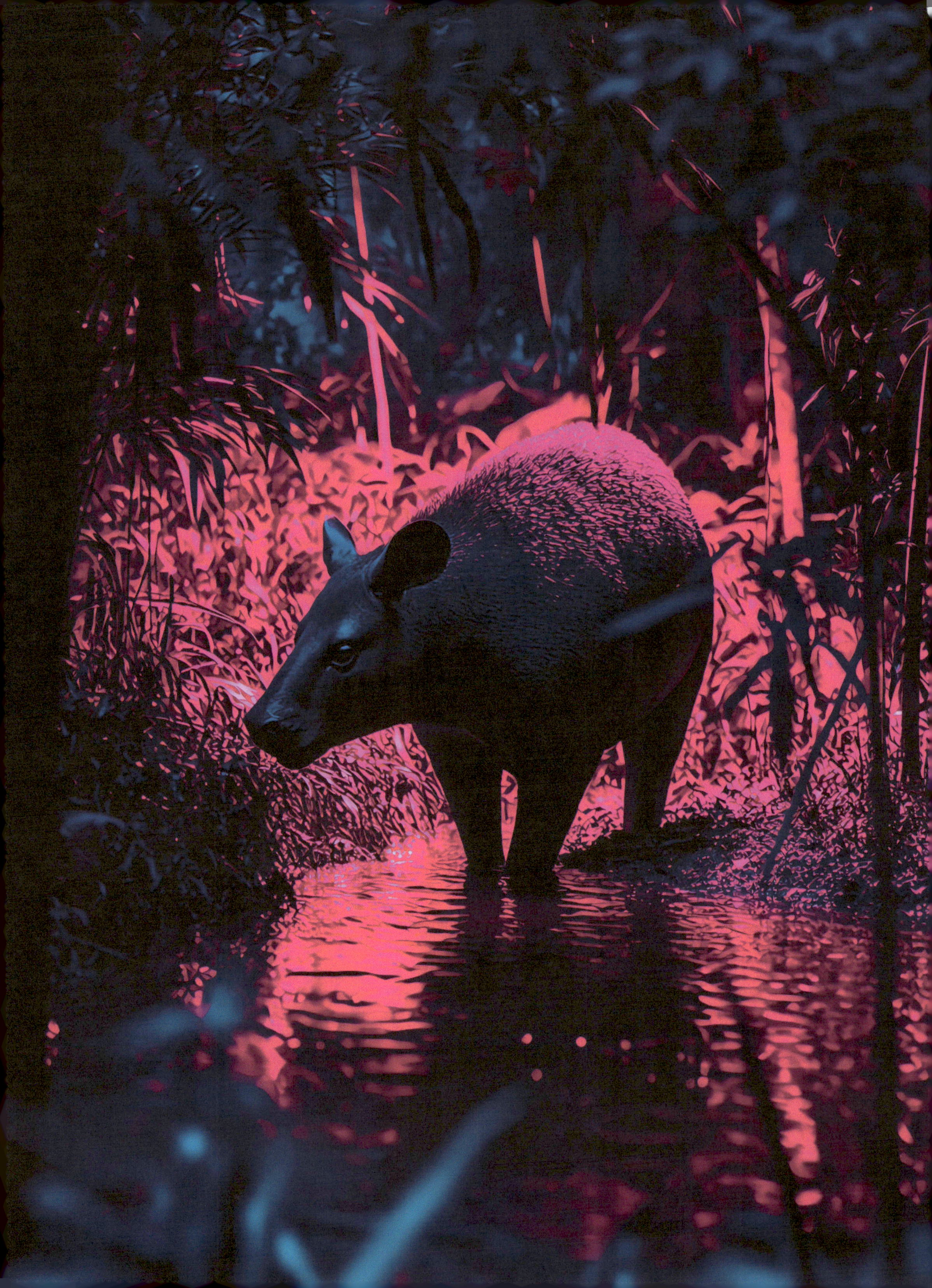

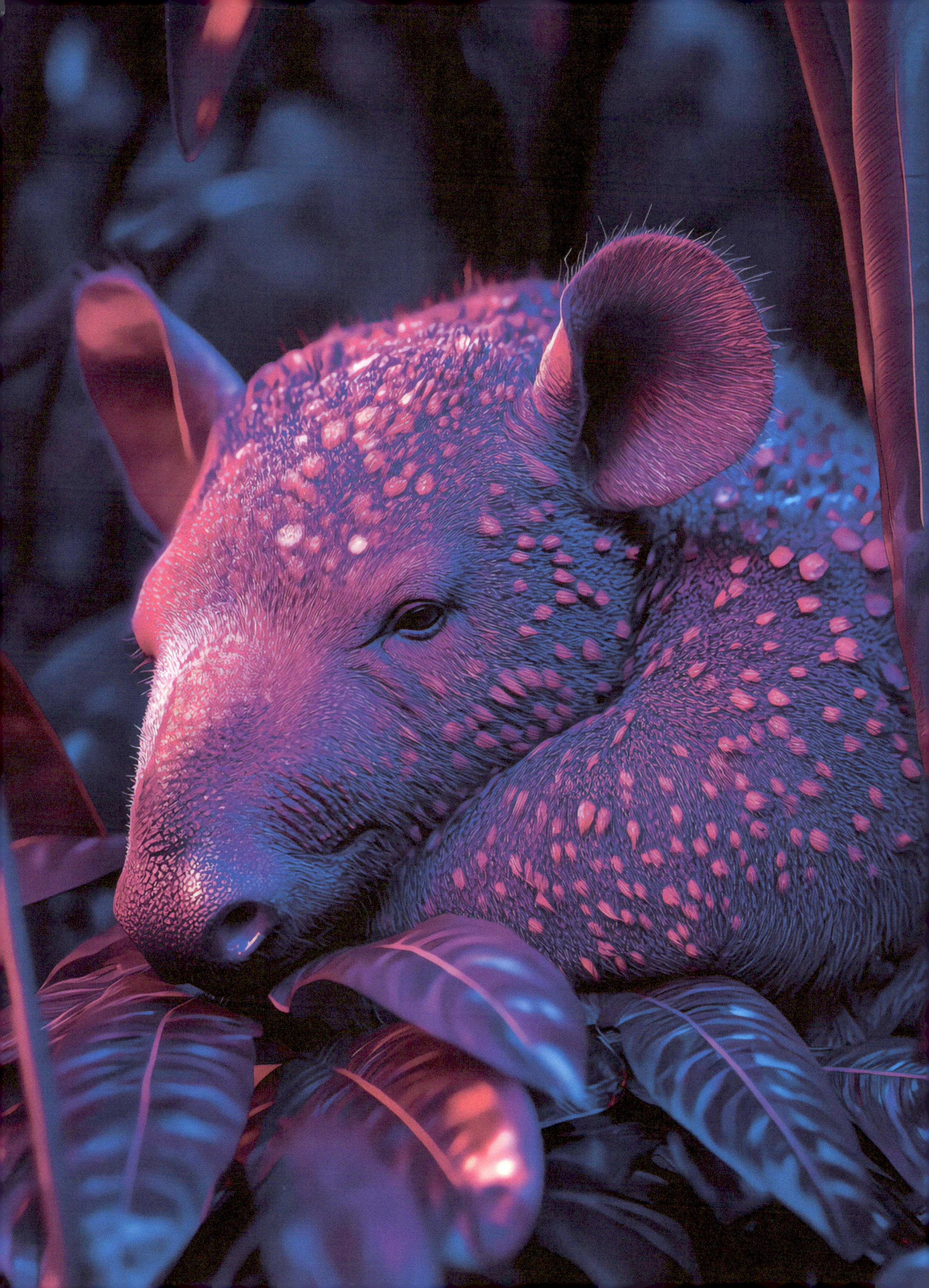

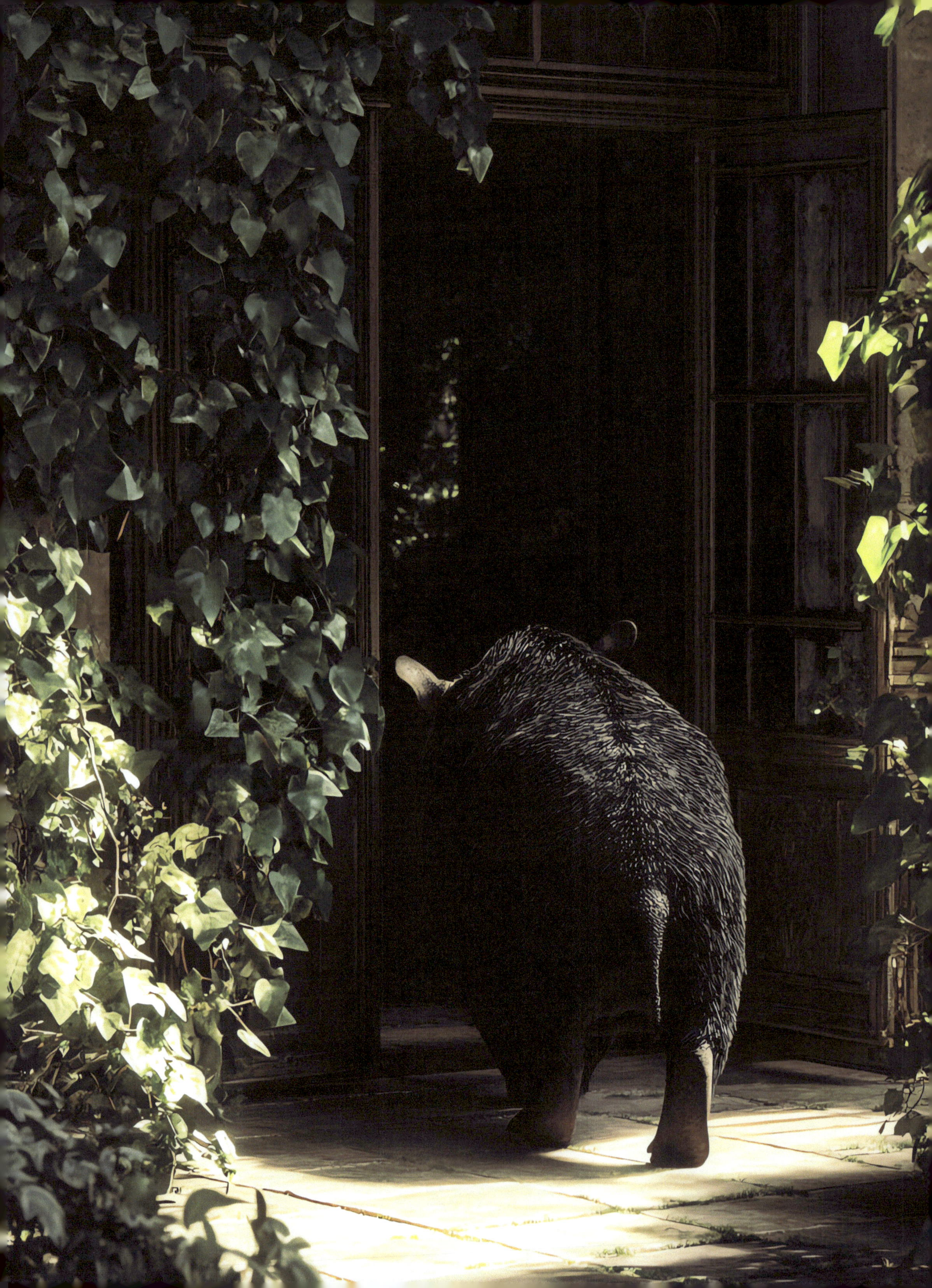

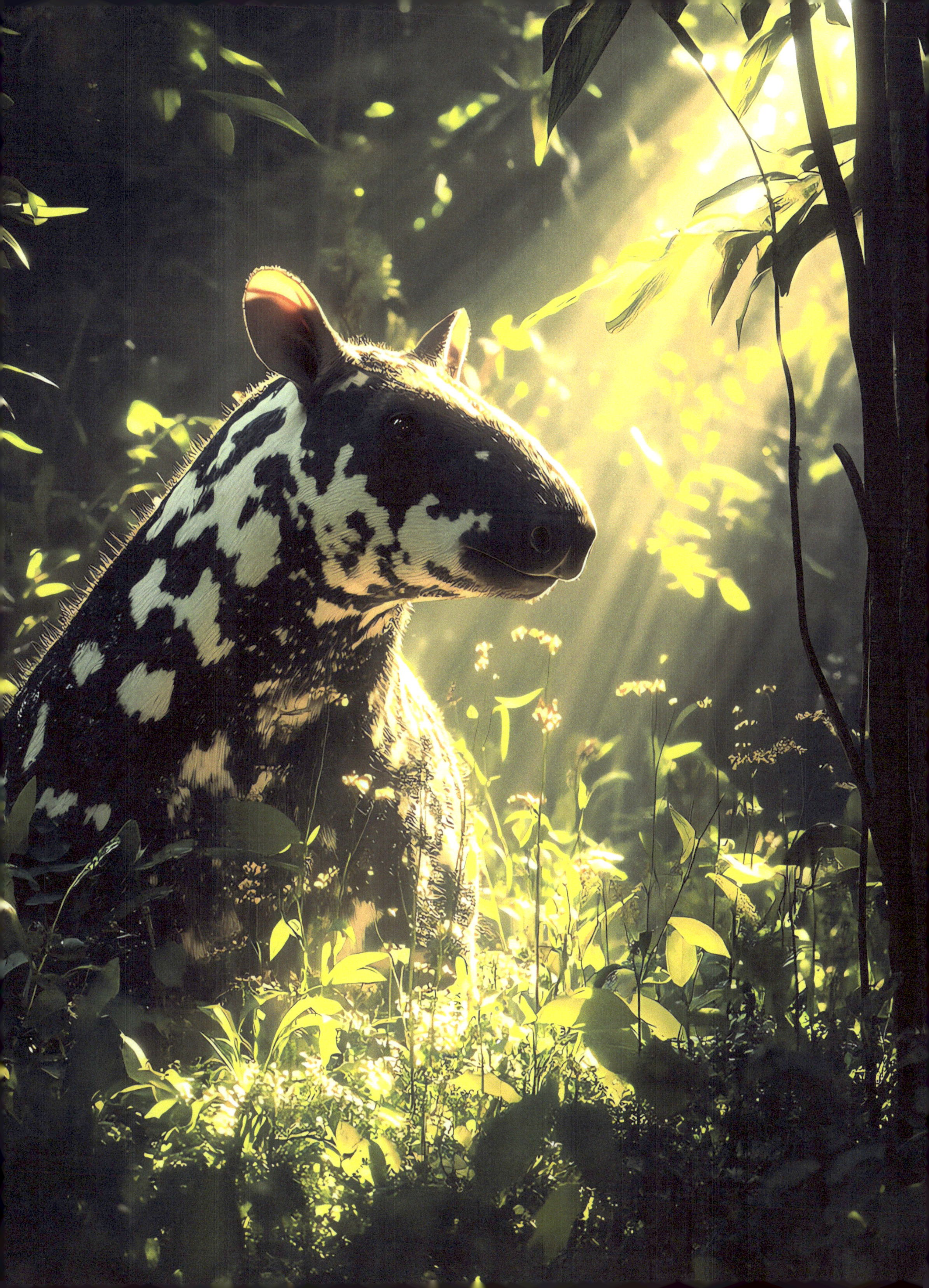

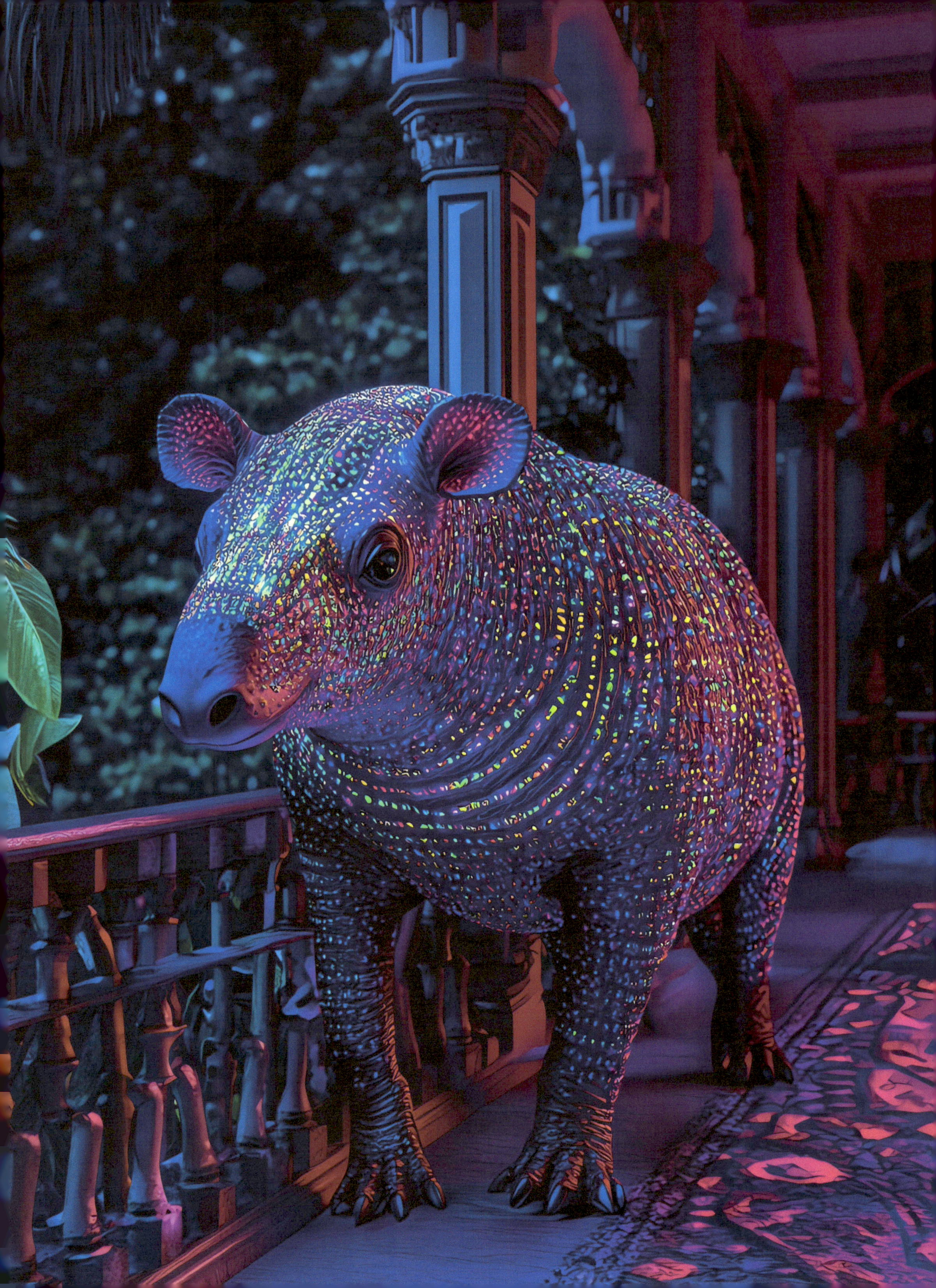

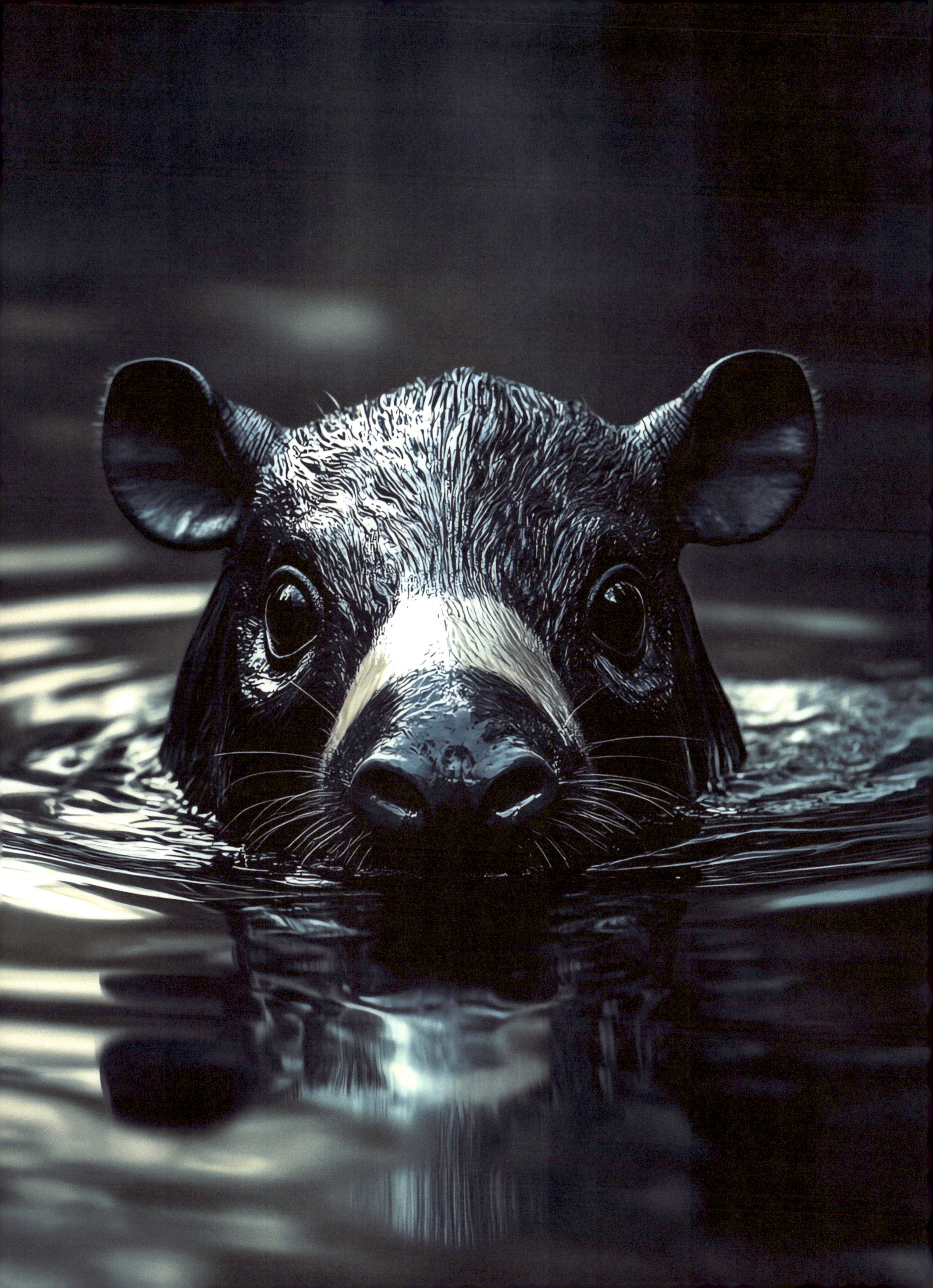

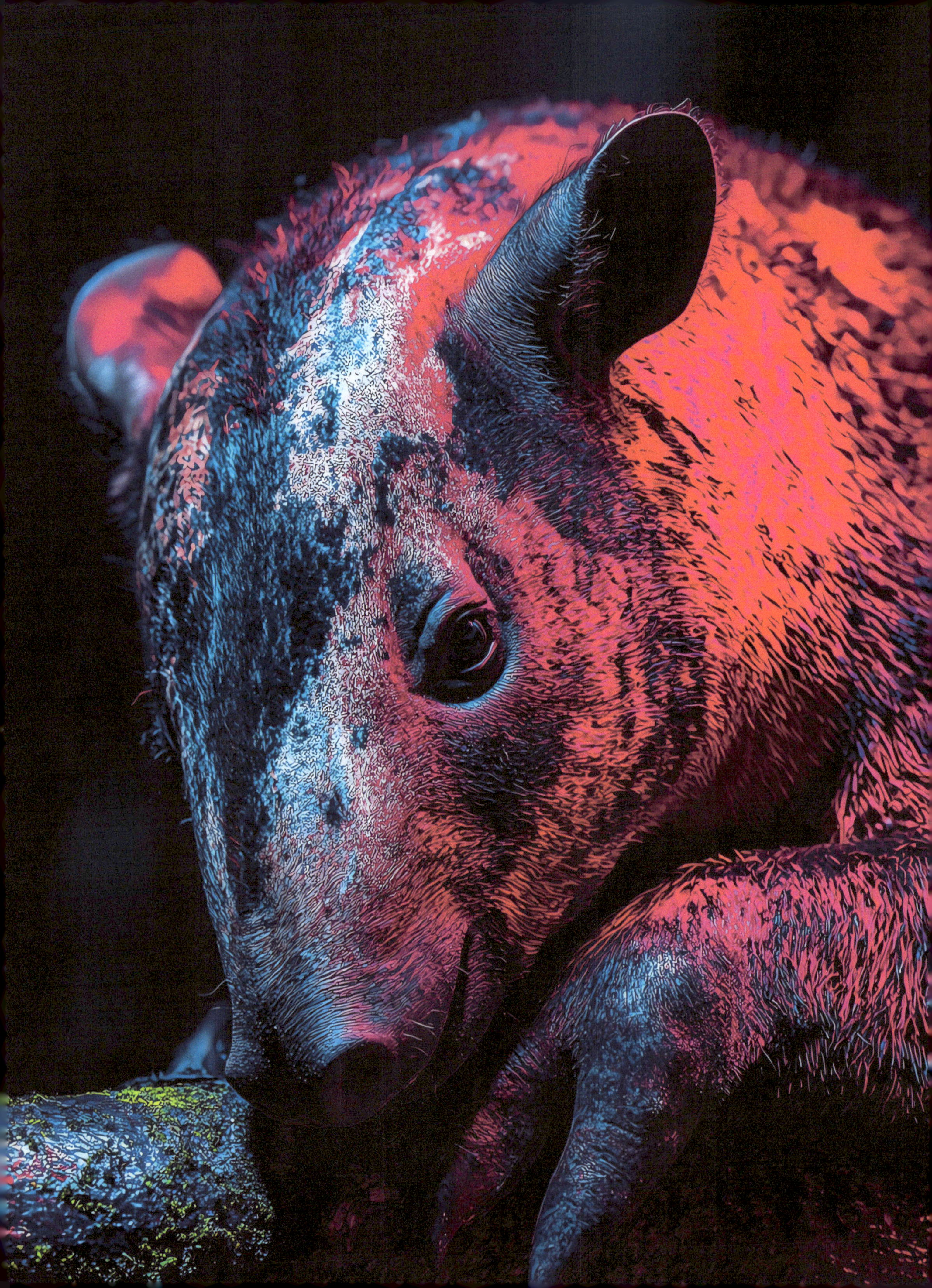

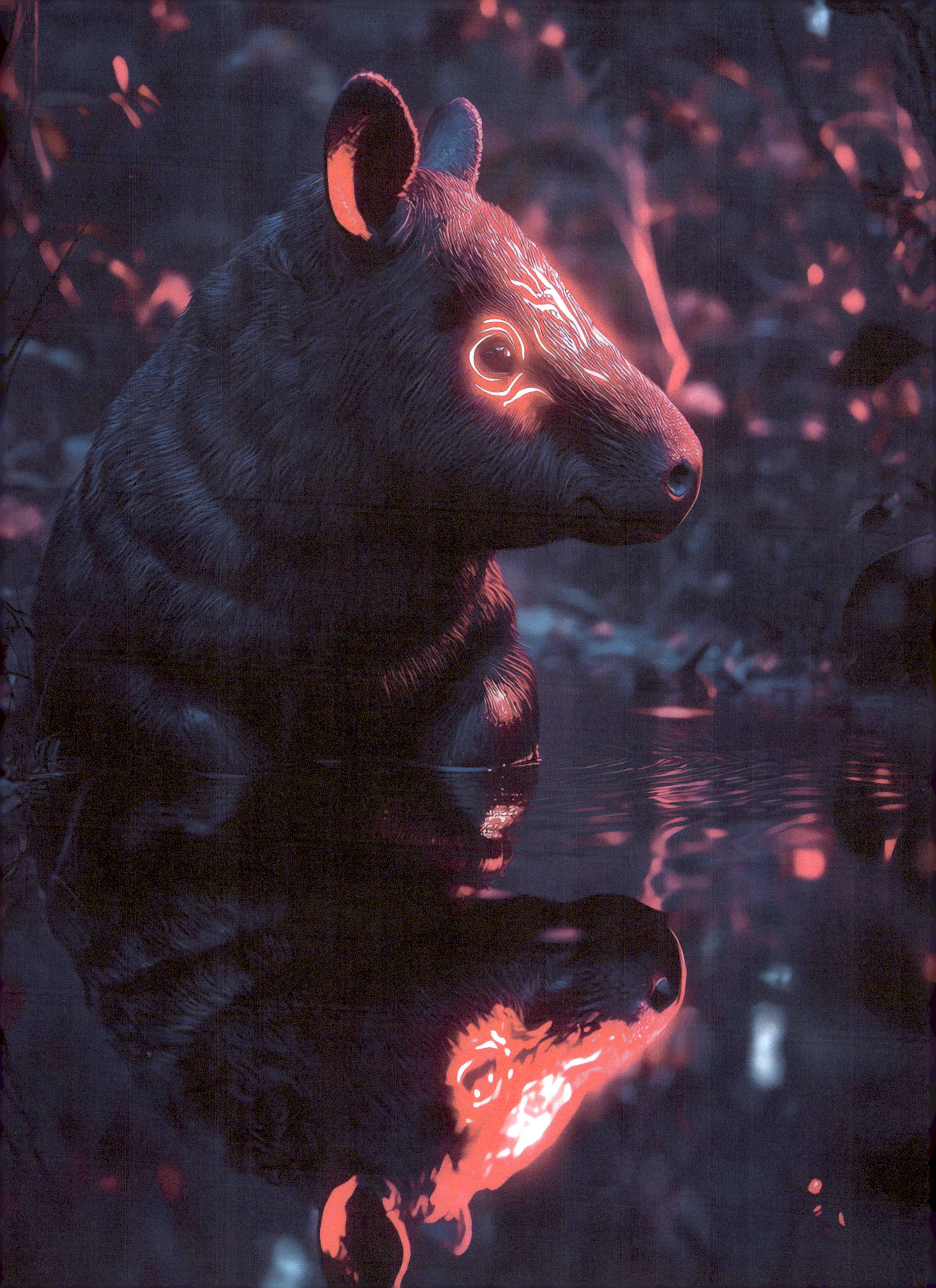

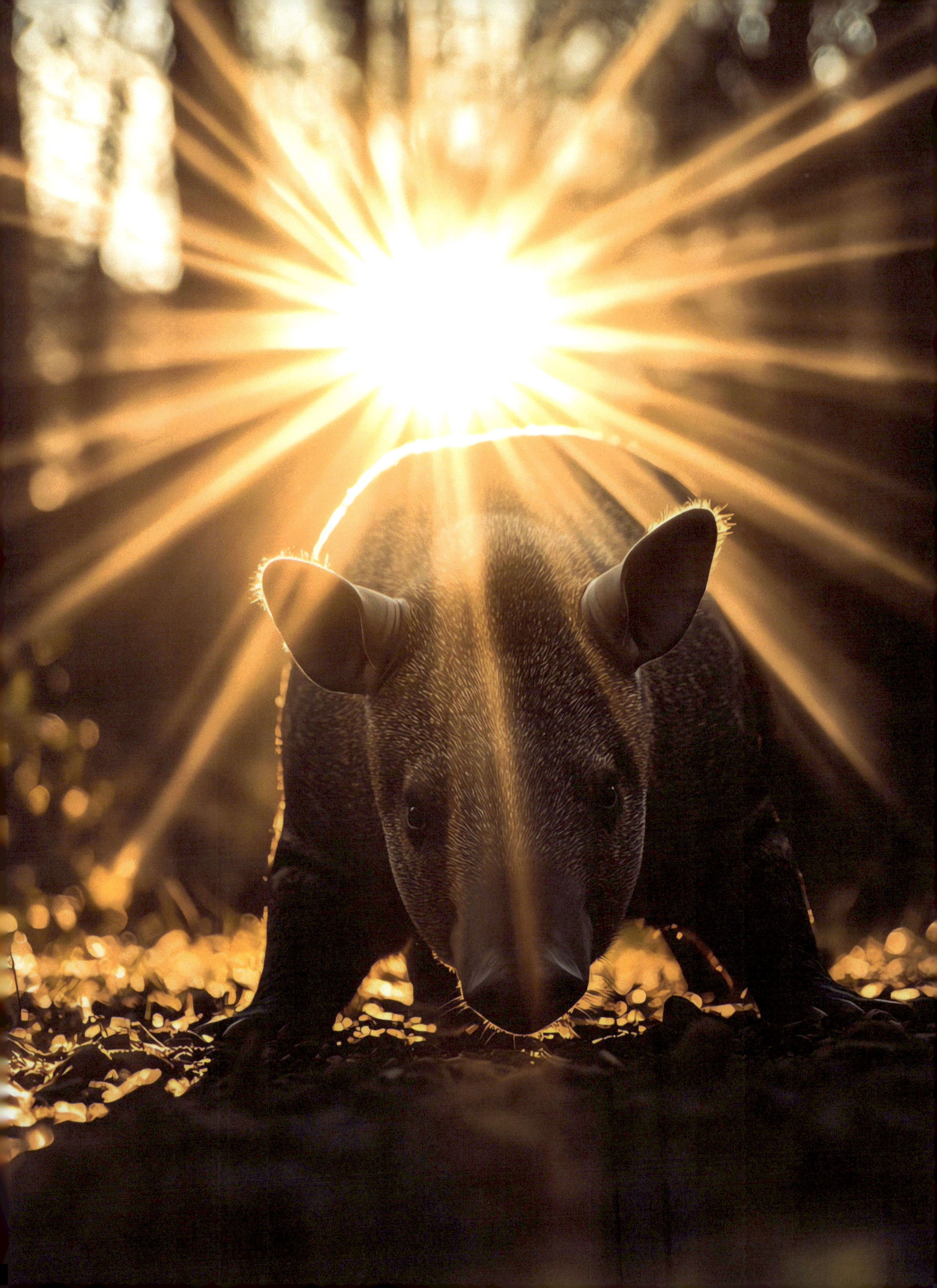

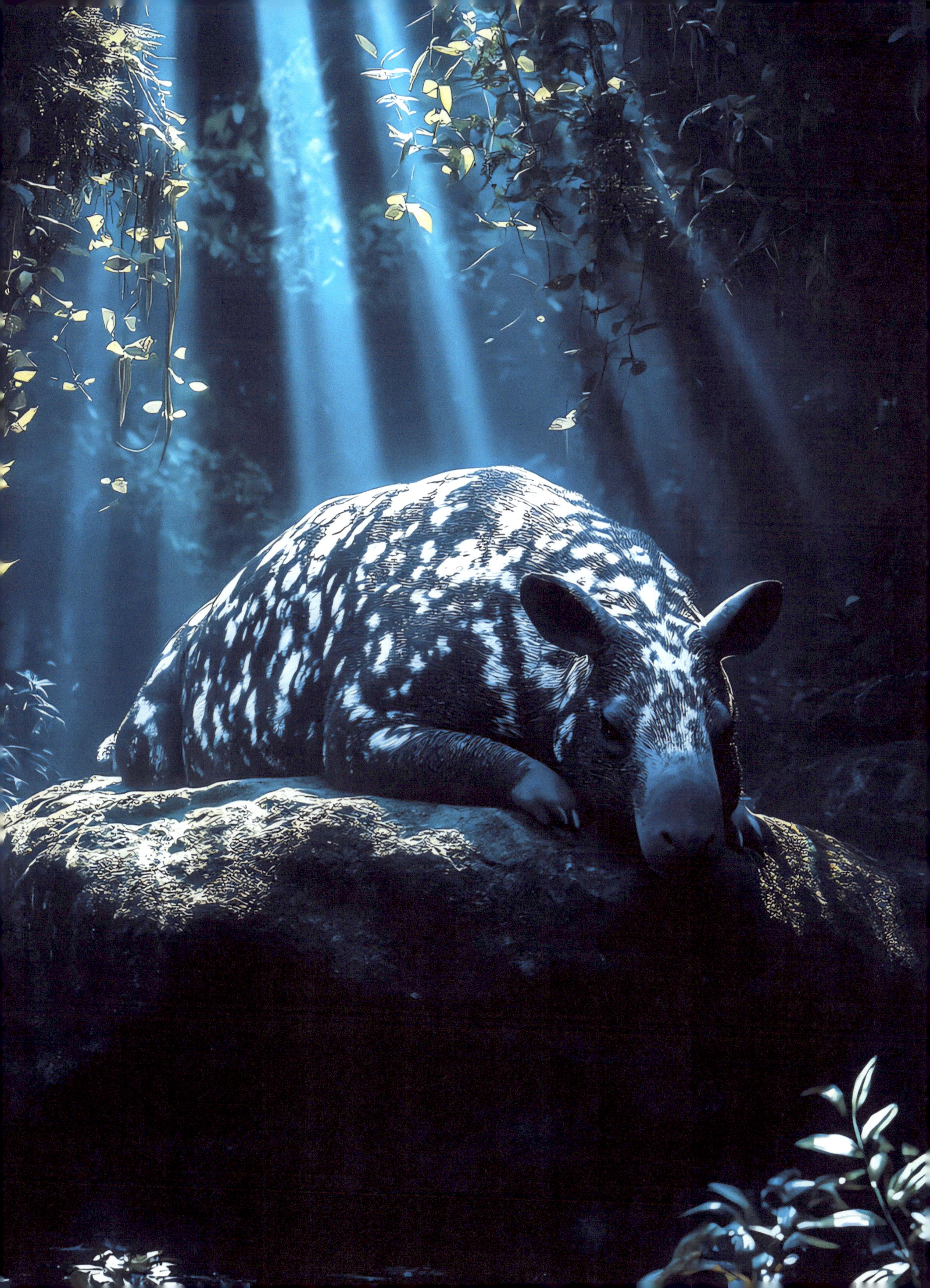

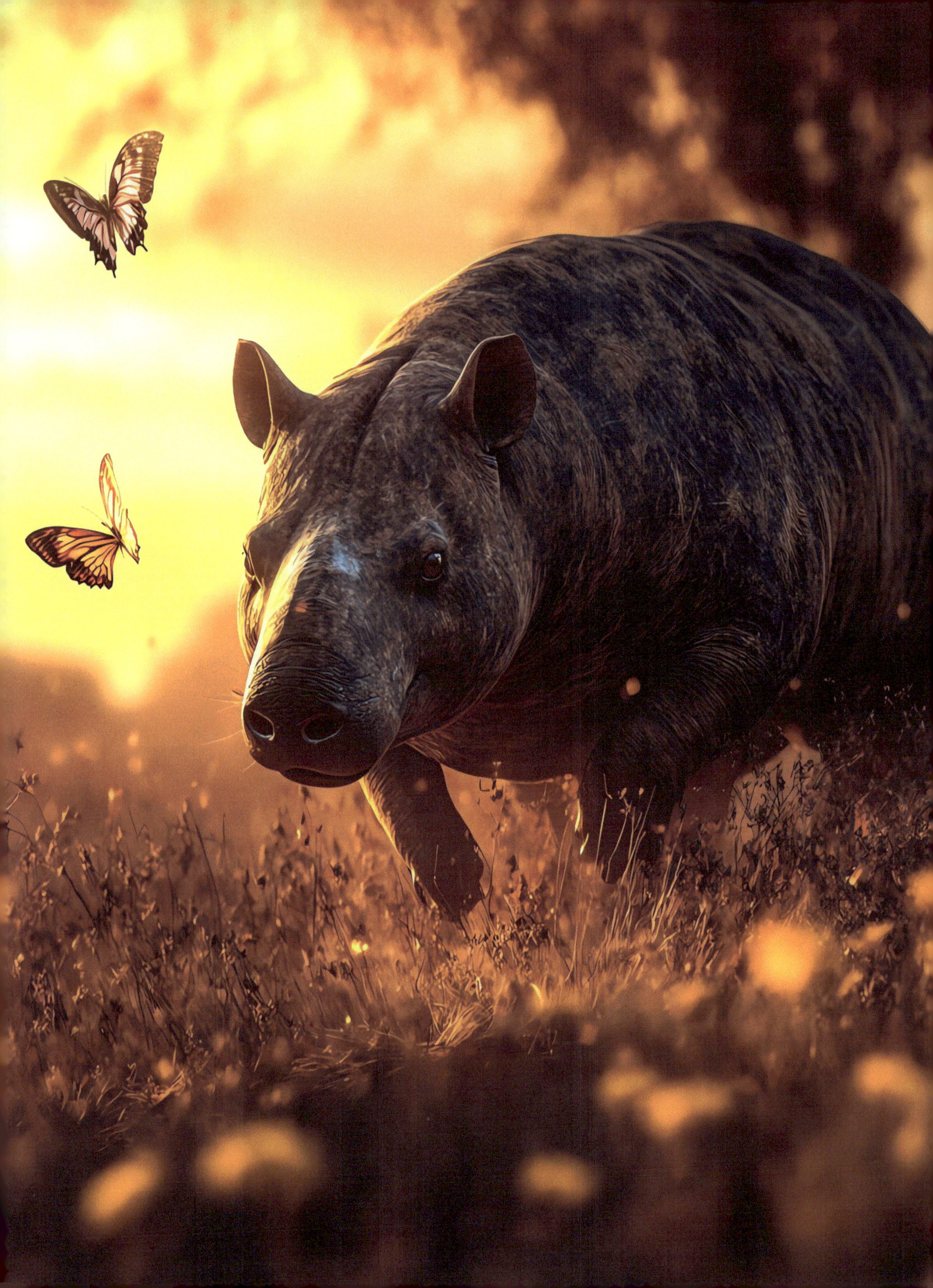

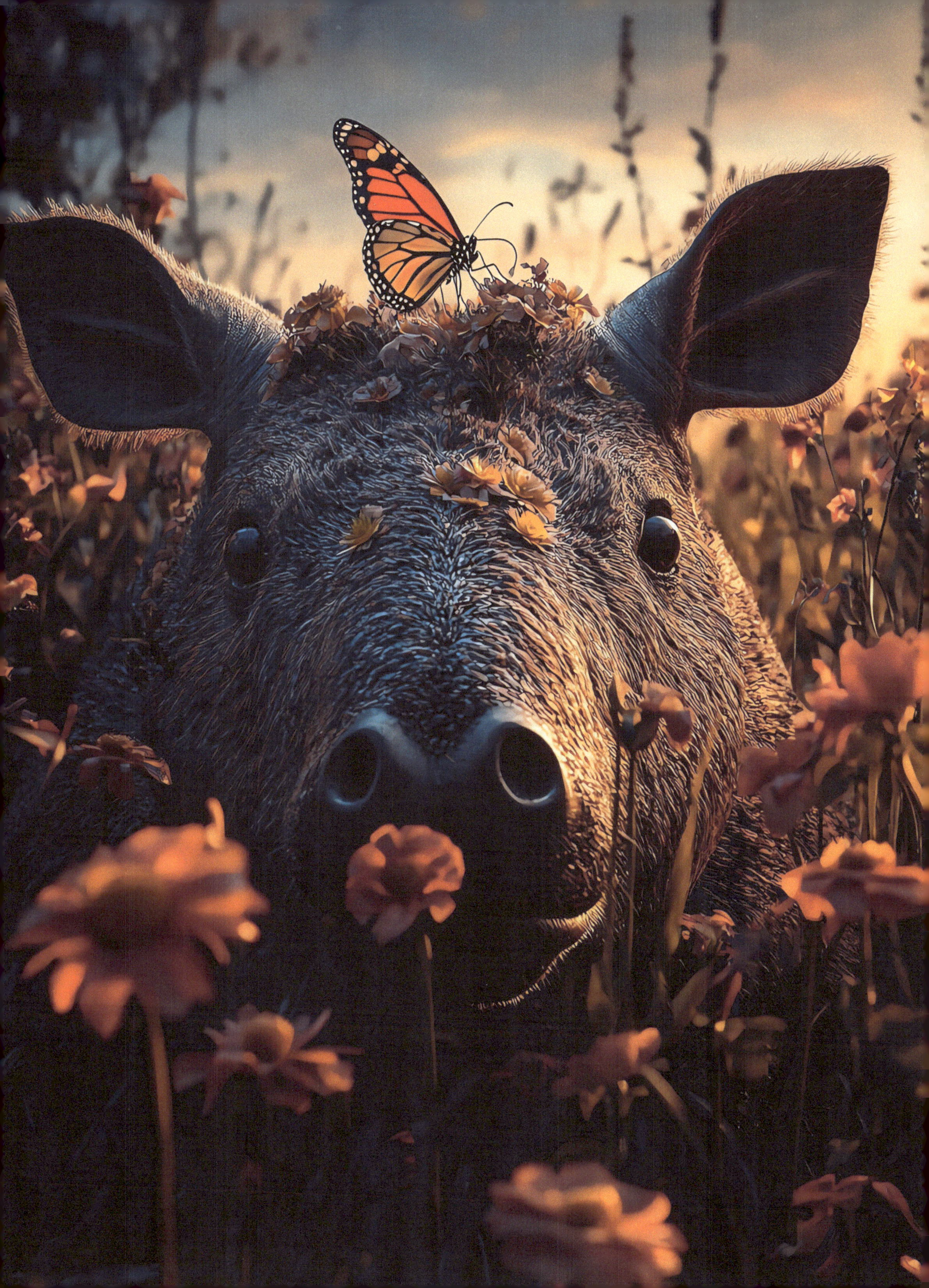

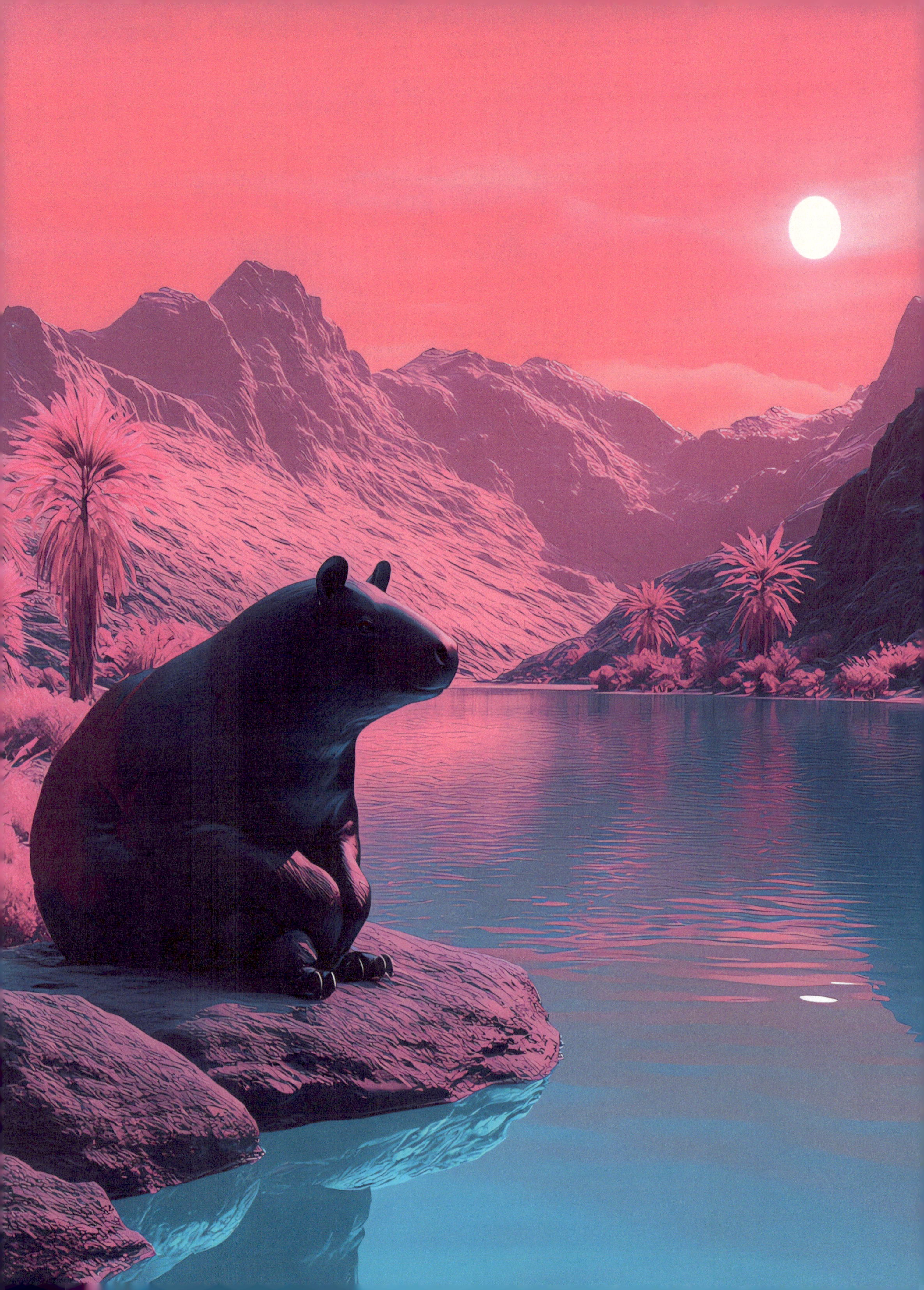

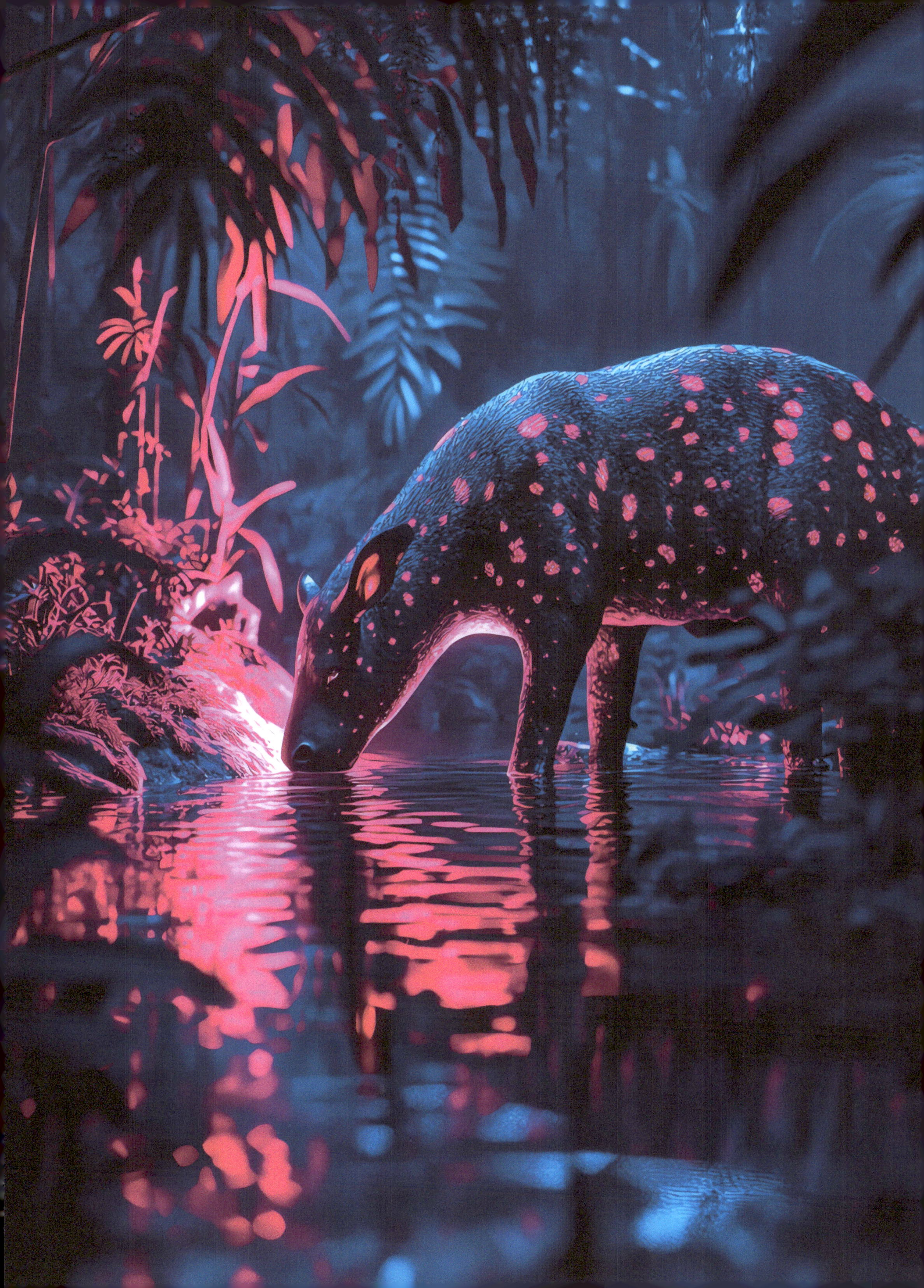

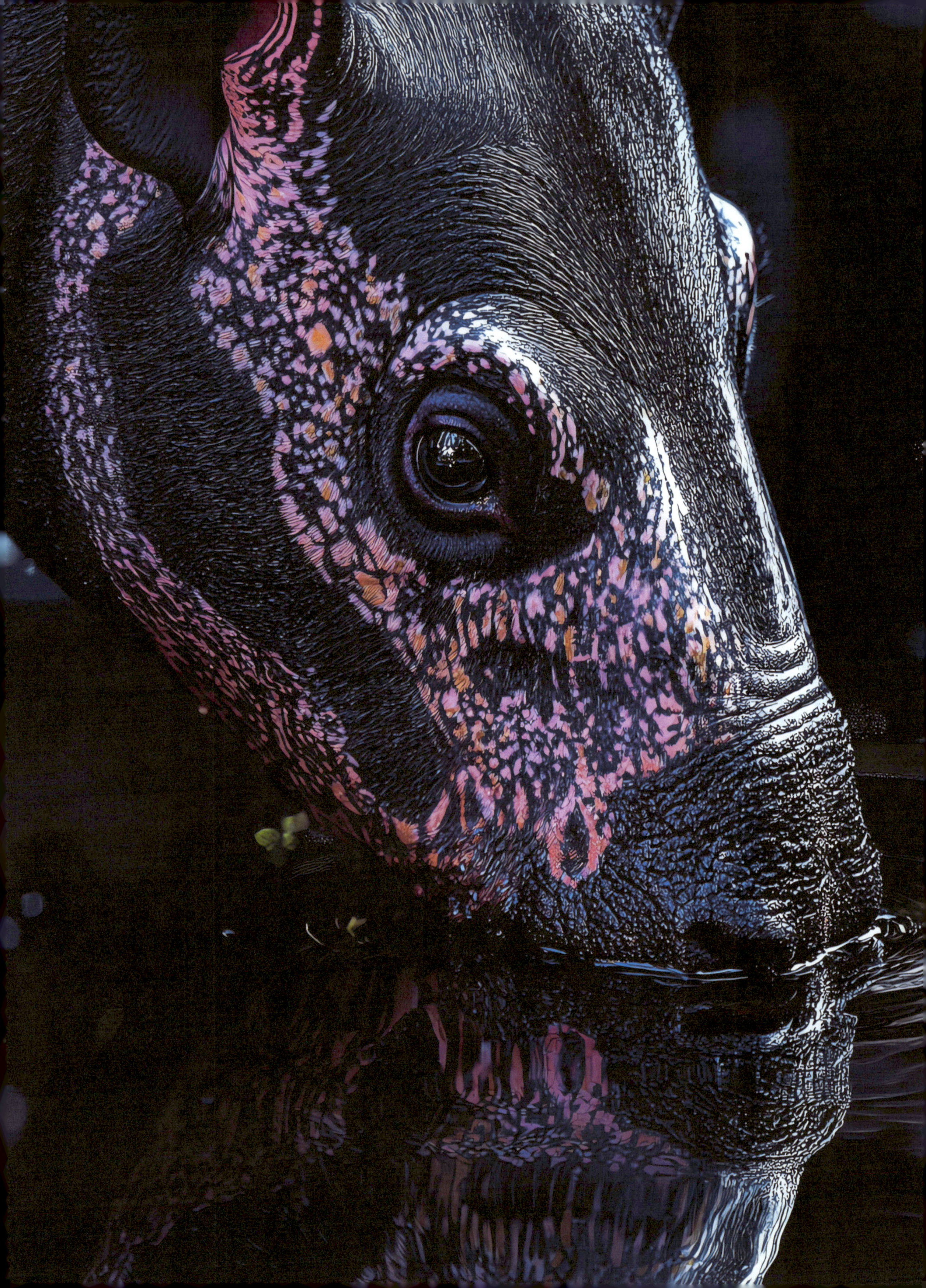

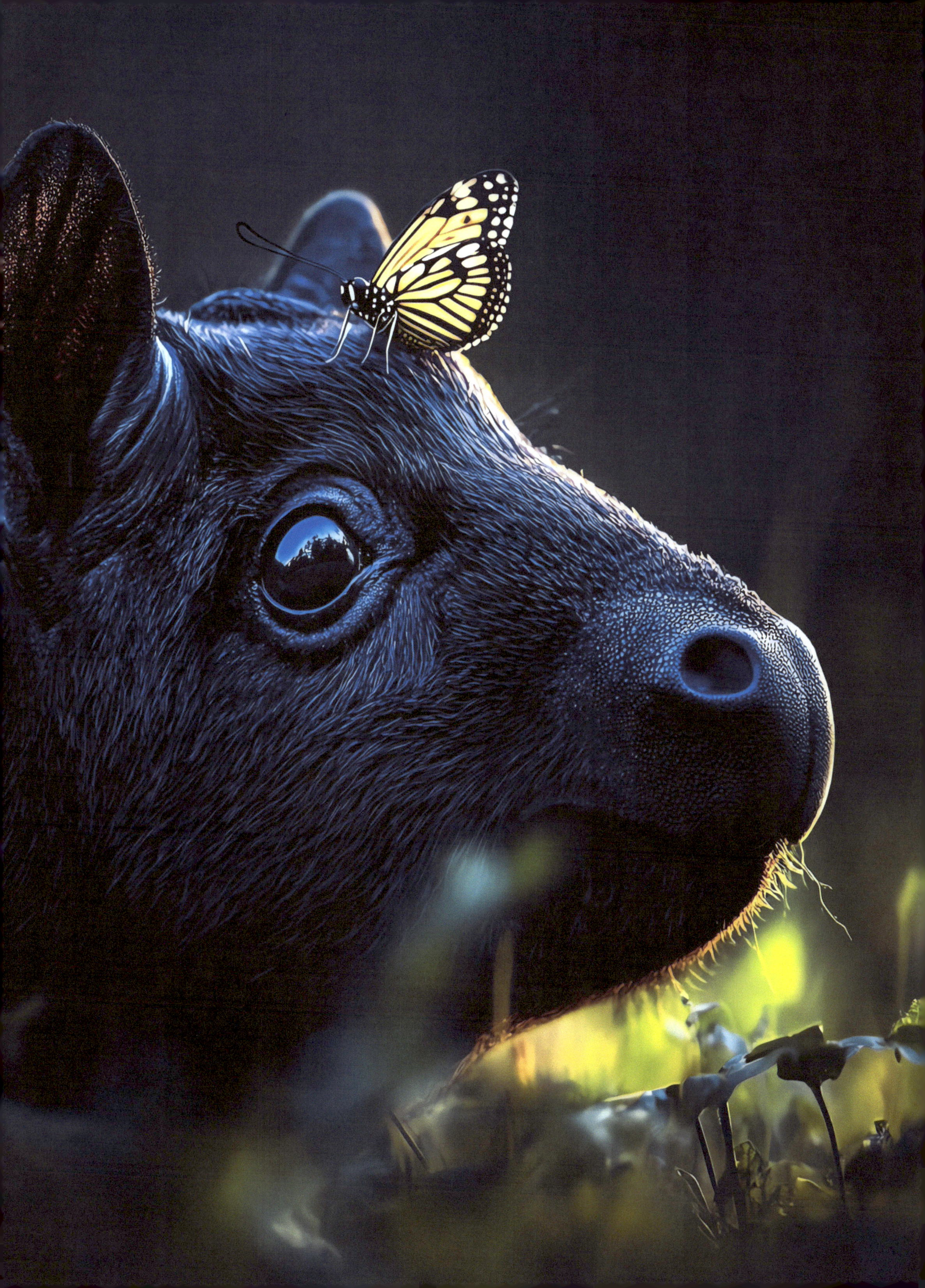

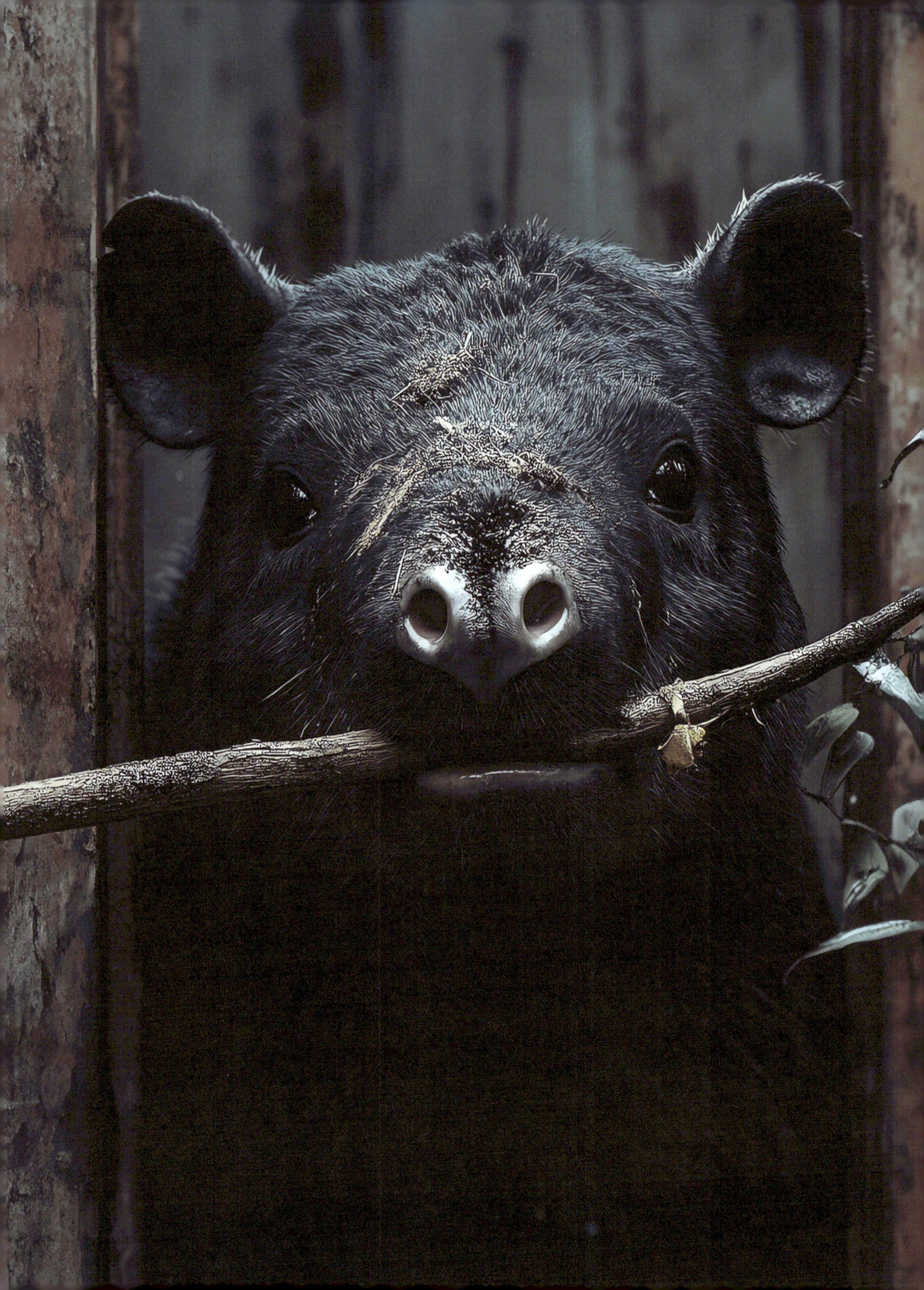

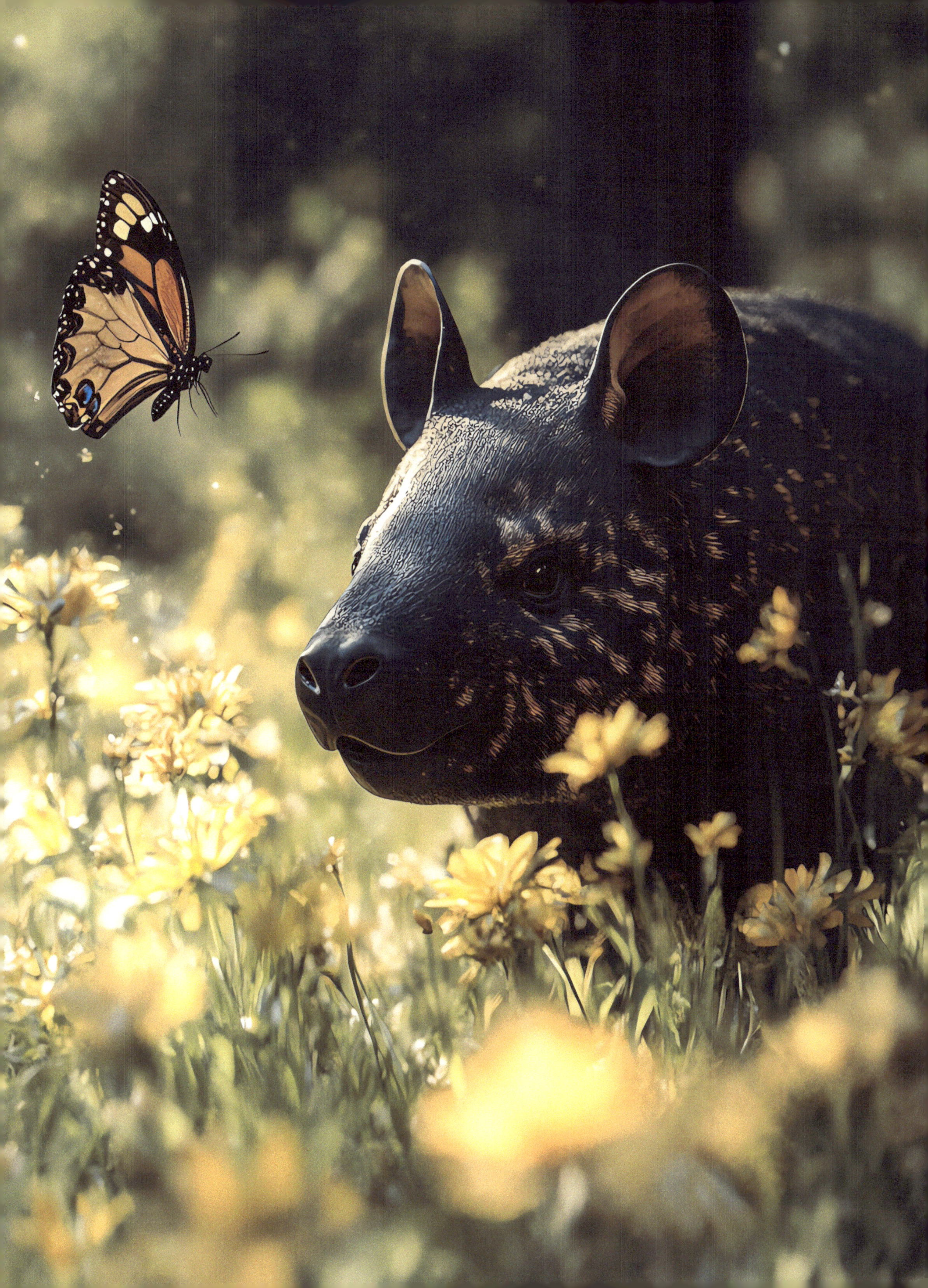

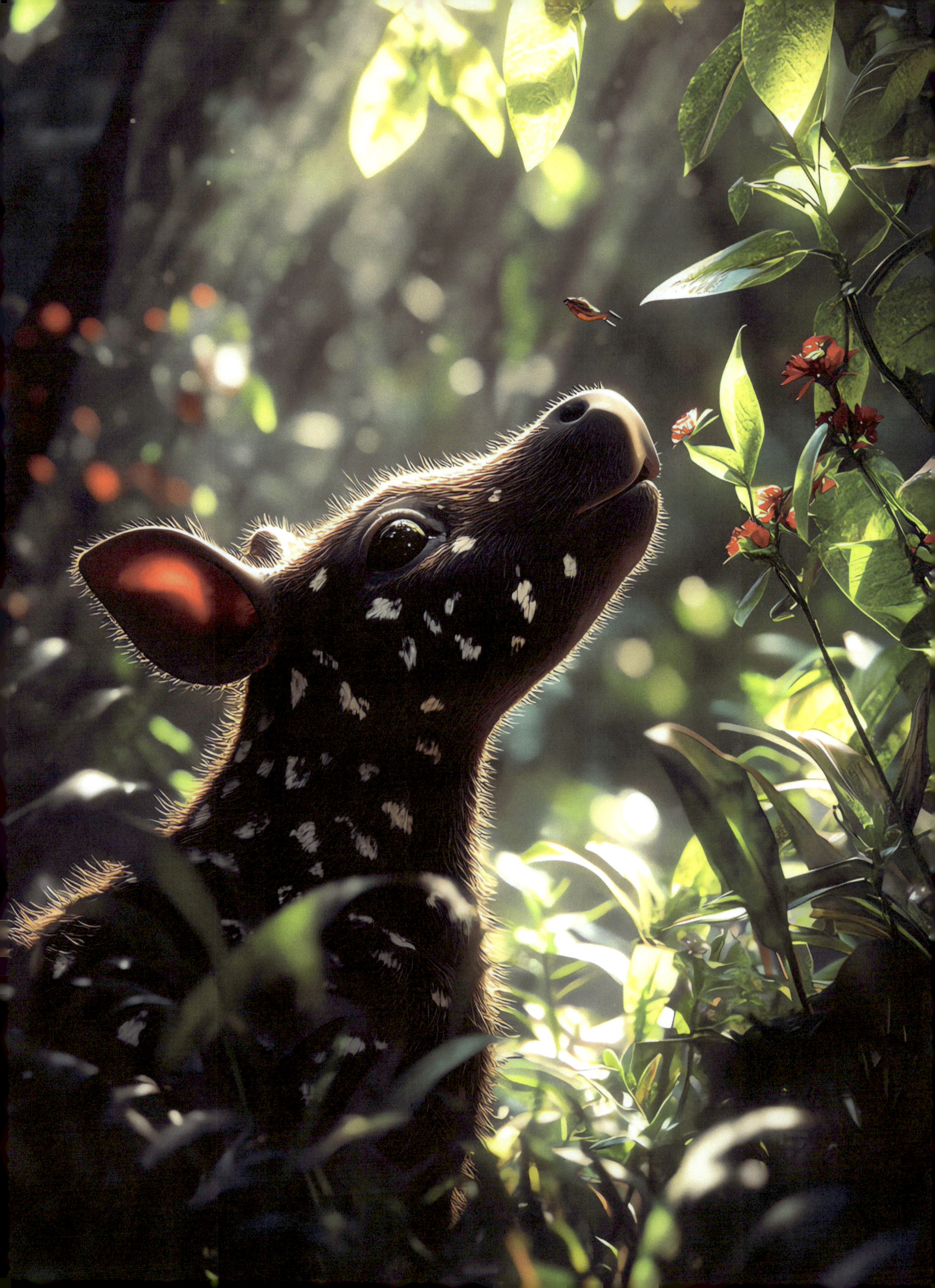

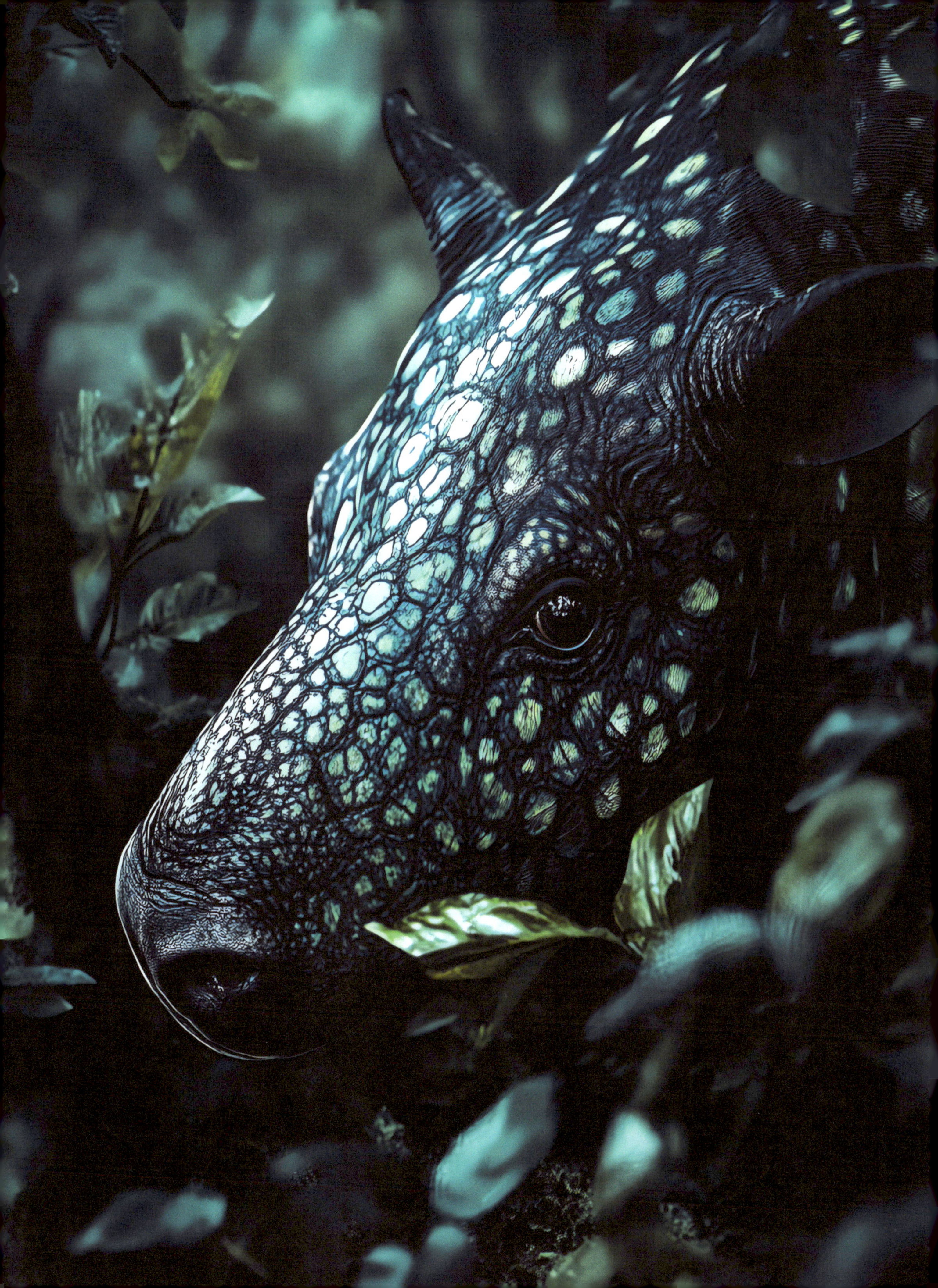

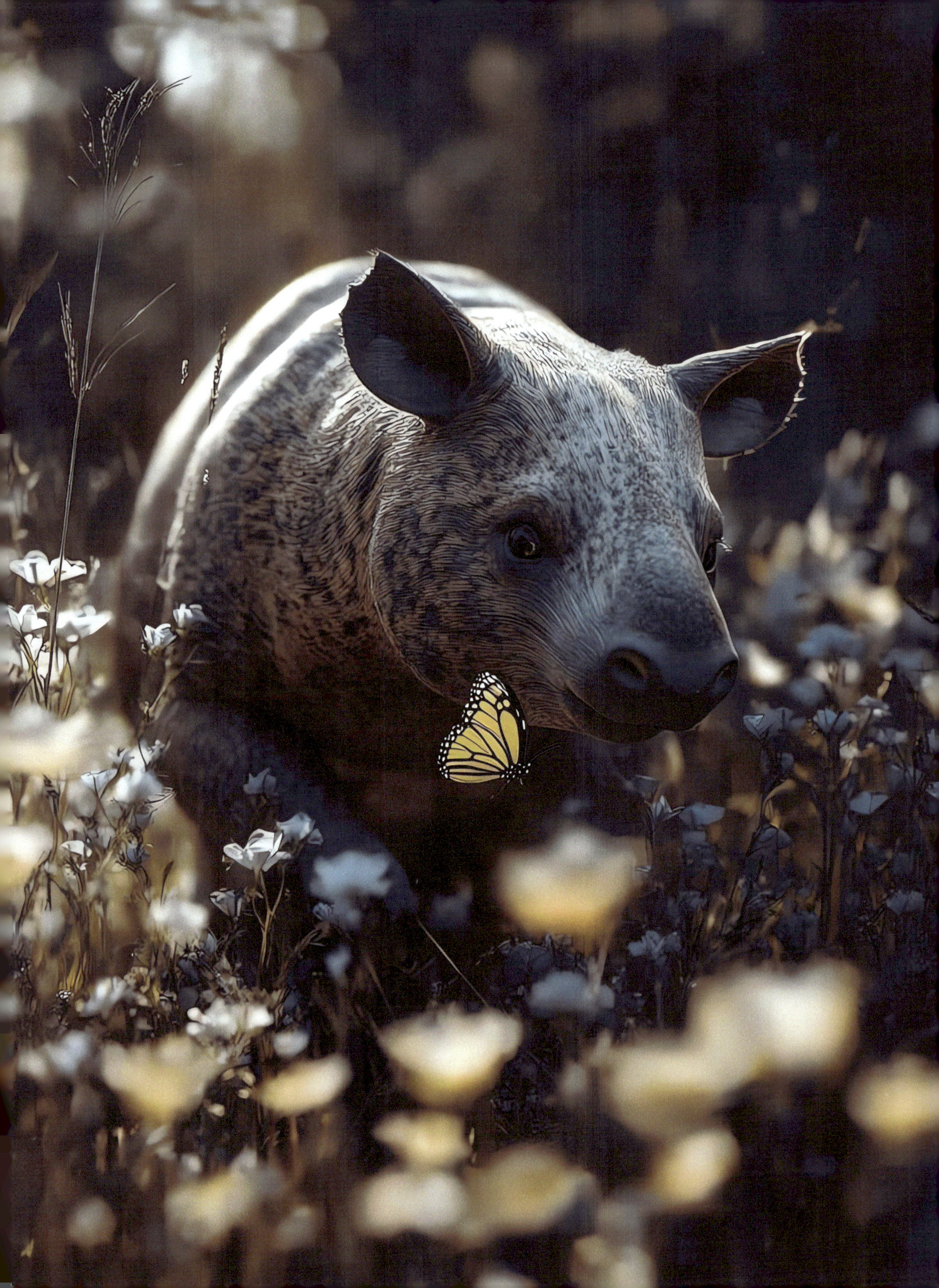

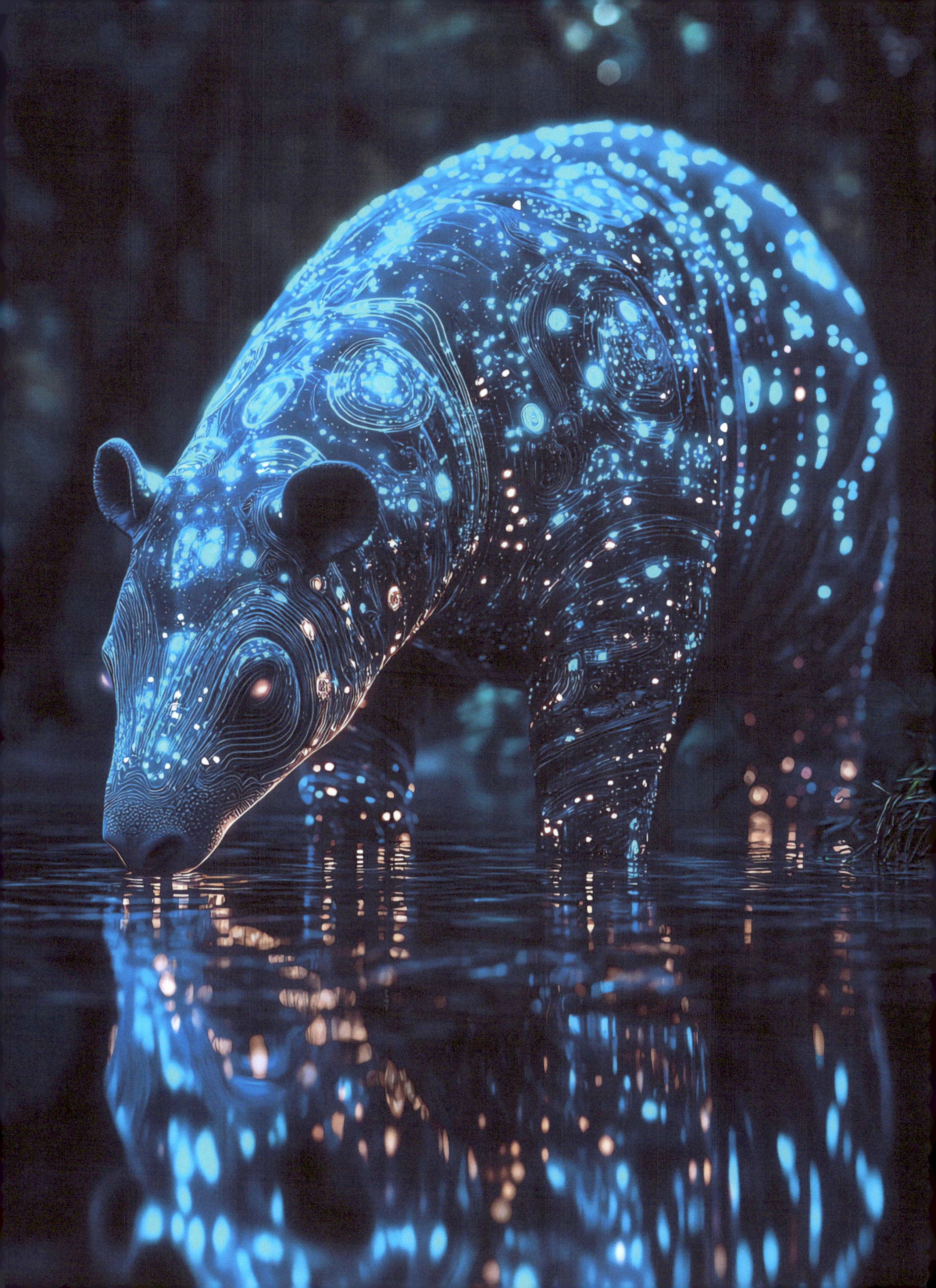

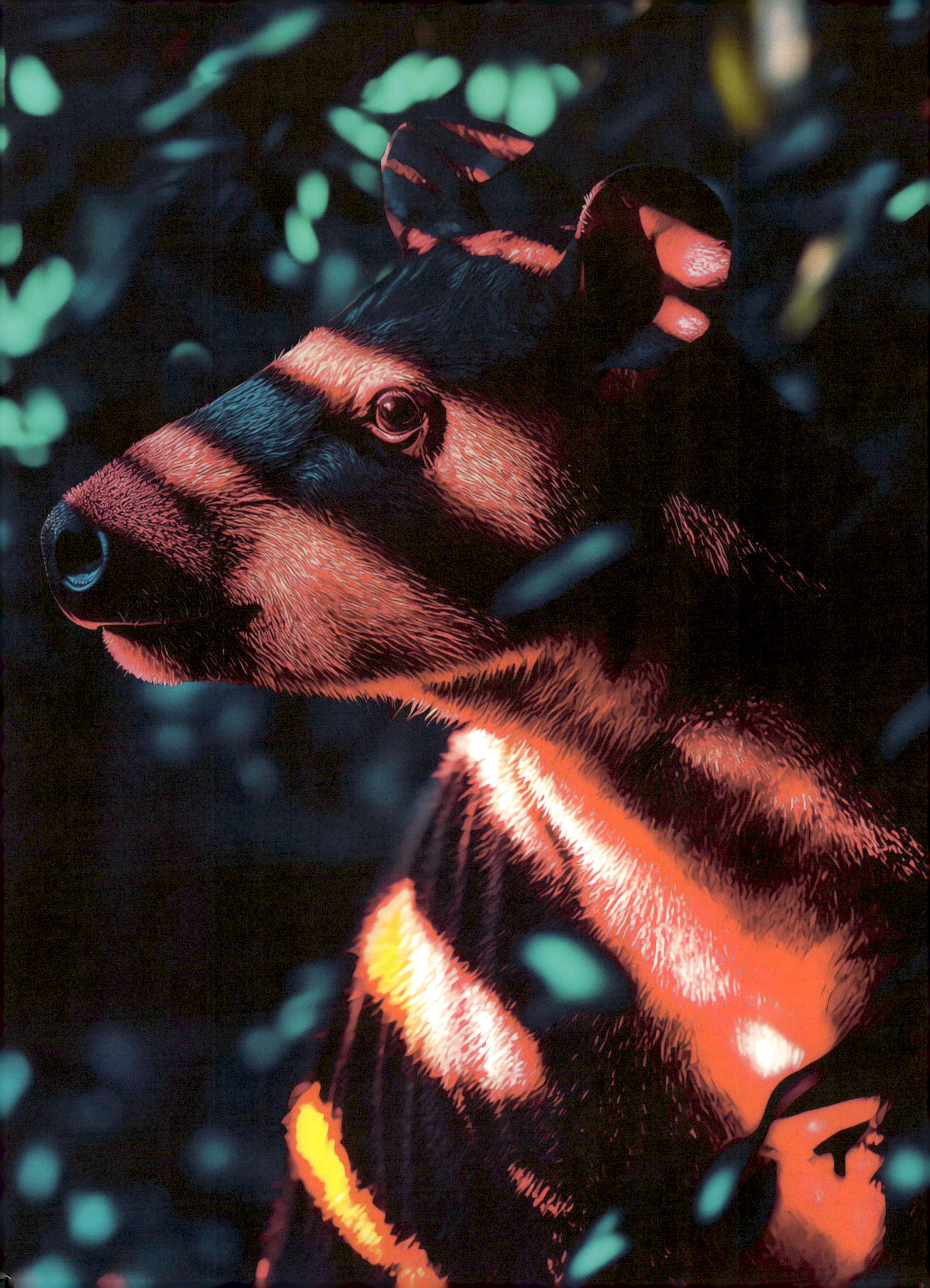

www.ingramcontent.com/pod-product-compliance
Lightning Source LLC
Chambersburg PA
CBHW040428220526
45473CB00004B/1375
* 9 7 9 8 3 0 3 3 7 3 6 9 3 *